Der Fußball erinnert sich und wird sich weiter erinnern. Diese klare Erwartungshaltung formulierten DFB-Präsident Reinhard Grindel, Dortmunds Oberbürgermeister Ullrich Sierau, Israels Botschafter Jeremy Issacharoff, Bundestagsvizepräsidentin Claudia Roth und der Historiker Moshe Zimmermann am Internationalen Holocaust-Gedenktag 2018 im Deutschen Fußballmuseum in Dortmund. Die in diesem Band noch einmal abgedruckten Wortbeiträge vergegenwärtigen die Mitschuld des organisierten Fußballs an der Unterdrückung, Verfolgung und Ermordung der Juden in Deutschland im Zeitalter des Nationalsozialismus. Gleichsam treten sie für eine weltoffene und tolerante Gesellschaft ein. Mit einer Einleitung von Manuel Neukirchner, Direktor des Deutschen Fußballmuseums, und einem Nachwort der Historiker Henry Wahlig und Lorenz Peiffer.

Gedenken an den Holocaust – Fußball und Erinnerung ist der zweite Band der *Kleinen Fußball-Bibliothek*. Die Reihe in der Edition Deutsches Fußballmuseum beleuchtet in programmatischer Breite kulturelle und historische Themen des Fußballs.

Umschlagabbildung: Gottfried Fuchs (links) und Julius Hirsch waren die beiden einzigen Fußballer jüdischer Herkunft, die für die deutsche Nationalmannschaft spielten. Das legendäre Stürmer-Duo des Karlsruher FV erzielte zusammen von 1911 bis 1913 in 16 Länderspielen 17 Tore für Deutschland. Während Fuchs 1937 die Flucht ins Exil gelang, wurde Hirsch 1943 im Konzentrationslager Auschwitz-Birkenau ermordet. Foto: Privatarchiv Andreas Hirsch

Manuel Neukirchner (Hrsg.)

Kleine Fußball-Bibliothek

Gedenken an den Holocaust
Fußball und Erinnerung

KLARTEXT

Inhalt

Vorbemerkung   9

Einleitung
MANUEL NEUKIRCHNER
Ermordet und getilgt aus den Annalen   13

REINHARD GRINDEL
»Der Fußball muss wachsam sein«   33

JEREMY ISSACHAROFF
»Komplexe Emotionen«   43

CLAUDIA ROTH
»Erinnerung ist jeden Tag«   47

ULLRICH SIERAU
»Niemals dürfen wir den Brandstiftern das Feld überlassen«   55

MOSHE ZIMMERMANN
»Das judenfreie Europa mit einem judenfreien Sport – Fußball und ‚Endlösung'«   63

Nachwort
HENRY WAHLIG/LORENZ PEIFFER
Warum das historische Erinnern so wichtig ist   83

Impressum   94

Vorbemerkung

Am 27. Januar 1945 wurde das Konzentrationslager Auschwitz durch die 322. Infanteriedivision der 60. Armee der I. Ukrainischen Front unter dem Oberbefehl von Generaloberst Pawel Alexejewitsch Kurotschkin befreit. Während des NS-Terrors ermordeten die Nazis in Auschwitz über anderthalb Millionen Männer, Frauen und Kinder. – Auschwitz ist das Synonym für millionenfachen Mord der Nazis an Juden, Sinti und Roma und anderen Verfolgten. Der Jahrestag der Befreiung wurde 1996 auf Initiative des damaligen Bundespräsidenten Roman Herzog offizieller deutscher Gedenktag für die Opfer des Nationalsozialismus. Die Vereinten Nationen erklärten den 27. Januar im Jahr 2005 zum Internationalen Tag des Gedenkens an die Opfer des Holocausts. Es mutete zunächst überraschend an, als der Botschafter des Staates Israel in Deutschland, Jeremy Issacharoff, am Internationalen Holocaust-Gedenktag 2018,

73 Jahre nach der Befreiung, ausgerechnet an der Gedenkfeier im Deutschen Fußballmuseum in Dortmund teilnahm. Das Deutsche Fußballmuseum – ein ungewöhnlicher Ort für den Gedenktag? Keineswegs, wie Issacharoff, der als einer der gefragtesten Repräsentanten an diesem Tag eine ganze Reihe von Gedenkveranstaltungen im In- und Ausland hätte besuchen können, befand. Die erste Dauerausstellung zur Geschichte des deutschen Fußballs spiegelt historische Zusammenhänge des 20. Jahrhunderts und ist somit prädestiniert dafür, ein dauerhafter, öffentlicher Ort der Erinnerung zu sein. Issacharoff macht das an seiner eigenen Geschichte deutlich: Seine Familie lebt seit Generationen in Jerusalem. Mit dem Holocaust kam sie nicht unmittelbar in Berührung. Für Jeremy Issacharoff änderte sich das, als er seine Frau Laura kennenlernte. Ihre Großeltern stammten aus Dortmund. Der Großvater, Saul Birnberg, spielte Fußball auf hohem Niveau – in welchen Vereinen, ist nicht mehr bekannt. Für Issacharoff war das Gedenken an Julius Hirsch im Deutschen Fußballmuseum daher auch eine sehr persönliche Reise in die Vergangenheit seiner Familie. – Ein herausragender deutscher Nationalspieler wird vom Dortmunder Hauptbahnhof nach Auschwitz de-

portiert und ermordet. Auch Saul Birnberg wurde nach Auschwitz deportiert und ermordet. »Diese grausige Ähnlichkeit der Geschichten von zwei stolzen deutschen Fußballspielern sagt so viel aus«, ist von Jeremy Issacharoff in diesem Band zu lesen. Vor allem machten die beiden Lebensgeschichten deutlich, wie der Holocaust jeden Aspekt des Lebens in Deutschland und letztlich jeden jüdischen Menschen berührt habe. In den für diesen Band noch einmal überarbeiteten Beiträgen zur Gedenkveranstaltung in Dortmund erinnern Jeremy Issacharoff, DFB-Präsident Reinhard Grindel, Bundestagsvizepräsidentin Claudia Roth, Dortmunds Oberbürgermeister Ullrich Sierau sowie der Historiker Moshe Zimmermann von der Hebräischen Universität Jerusalem an das Versagen des organisierten Fußballs während der Nazi-Herrschaft. Gleichsam appellieren alle Fünf für eine klare Haltung: Der Kampf gegen Antisemitismus und Ausgrenzung ist auch eine Aufgabe des Fußballs. Doch »Erinnerung ist nichts für Gedenktage allein. Erinnerung ist jeden Tag«, sagte und schreibt Claudia Roth. Und weiter sagte sie am Holocaust-Gedenktag 2018 in Dortmund: »Deshalb sind wir hier in einem, nein, in unserem Fußballmuseum.«

M.N., September 2018

Einleitung

MANUEL NEUKIRCHNER

Ermordet und getilgt aus den Annalen

Der Direktor des Deutschen Fußballmuseums zur Vertreibung der Juden aus dem deutschen Fuball.

Die Deutschen lieben ihre Rekordhalter. Vor allem im Fußball. Im Erinnerungshaushalt der Nation haben sie ihren unverrückbaren Platz. Gerd Müller – mit 365 Treffern Bundesliga-Rekordtorjäger! Miroslav Klose – mit 16 Toren WM-Rekordtorschütze! Oder Lothar Matthäus – mit 150 Länderspielen deutscher Rekordnationalspieler! Fußballnostalgiker, die am Stammtisch mit bierfeuchten Fingern auf dem Tresen ehrfurchtsvoll Müllers und Kloses Tore nachzeichnen, würden in Bedrängnis geraten, wenn sie gefragt würden: »Welcher deutsche Nationalspieler erzielte die meisten Tore in einem Länderspiel?« Neben Gerd Müller und Miro Klose würden vielleicht die Namen Uwe Seeler oder Klaus Fischer fallen. – Aber Gottfried Fuchs? »Gottfried ... wer?«, würde es heißen. Sie würden dann ungläubig vom Torjäger des Karlsruher FV erfahren, der bei den Olympischen Spielen 1912 in Stockholm mit legendären zehn Treffern beim 16:0 gegen Russland Fußballgeschichte geschrieben hat. Zehn Tore in einem Länderspiel –

in Deutschland ist das bis heute einmalig. Und den Weltrekord büßte Fuchs erst 2001 ein, als der Australier Archie Thompson gegen Amerikanisch-Samoa 13 Treffer markierte. Gottfried Fuchs ist Deutschlands vergessener Rekordhalter, der mit 13 Toren in sechs Länderspielen zudem die beste Trefferquote eines deutschen Nationalspielers aufweist.

1899 in Karlsruhe geboren, war Gottfried Fuchs bis in die 1920er Jahre einer der besten Spieler seiner Zeit. Dennoch war er über ein Jahrhundert hinweg im deutschen Fußballgedächtnis nicht existent. – Gottfried Fuchs war Jude. Er floh entrechtet und ausgegrenzt vor dem nationalsozialistischen Terror ins Exil, zunächst in die Schweiz, dann nach Frankreich und schließlich nach Kanada. Und nach dem Zusammenbruch des »Dritten Reichs« wurde er wie tausende jüdische Pioniere aus der beschwerlichen Gründerzeit des deutschen Fußballs – vergessen.

Fuchs debütierte als erster Fußballer jüdischer Herkunft am 23. März 1911 in der deutschen Nationalmannschaft. Deutschland gewann gegen die Schweiz mit 6:2, der Karlsruher Stürmer markierte zwei Treffer. Gottfried Fuchs und sein kongenialer Sturmpartner Julius Hirsch sollten bis heute die beiden einzigen jüdischen Spieler in der deutschen Nationalmannschaft bleiben. Als das *kicker*-Sportmagazin 1939 sein beliebtes Sammelalbum mit allen deutschen Nationalspielern auflegte, fehlten zwei Gesichter – Fuchs und Hirsch waren ausradiert worden, getilgt aus den Annalen, als hätte es die zehn Treffer gegen Russland nie gegeben. Als hätte das Stürmer-Duo Fuchs/Hirsch in 16 Länderspielen nicht den deutschen Adler auf der Brust ihrer Trikots getragen. Als hätten sie ihre 17 Treffer für die deutsche Mannschaft niemals erzielt. Als der *kicker* 1988, 43 Jahre nach dem Holocaust, sein beliebtes Sammelalbum mit den Portraitbildern aller deutschen Auswahlspieler in einer Neuauflage aufleben ließ, fehlten die Gesichter von Fuchs und Hirsch noch immer.

Gottfried Fuchs und Julius Hirsch stehen beispielhaft für zehntausende Fußballer jüdischer Herkunft, die nach ihrer Ausgrenzung, Verfolgung und Ermordung in Deutschland zunächst demonstrativ, später dann unbedacht von den Verbänden, Vereinen und Medien aus dem Erinnerungshaushalt des deutschen Fußballs verbannt wurden. Spieler, Schiedsrichter, Trainer, Förderer, Vereinsgründer, sie alle wurden gepeinigt und dann aus dem kollektiven Gedächtnis gestrichen. Selbst verdienstvolle Spieler, die vor 1933 verstorben waren, wurden von den Vereinen aus den Klub-Annalen posthum verdammt. *Damnatio memoriae* – die Vertreibung der Juden aus dem deutschen Fußballsport und die Verdammung ihres Andenkens ist die Geschichte eines großen Verlustes.

Bis 1933 waren Juden ein selbstverständlicher Teil des deutschen Fußballs, die den aufkommenden Volkssport in allen Bereichen prägten. Sie waren Garanten gewesen, Deutsche Meisterschaften zu gewinnen oder Traditionsvereine wie Bayern München, den 1. FC Nürnberg oder Eintracht Frankfurt aus der Taufe zu heben. Jüdische Spieler und Funktionäre ebneten dem Fußball den beschwerlichen Weg in den Anfängen, als die »englische Krankheit« nach Deutschland schwappte. Juden in Deutschland entdeckten die neu aufkommende Mannschaftssportart für sich, die noch freigeistlicher und toleranter war als das paramilitärisch strukturierte Turnen. Sie gaben dem Fußball wichtige Impulse für seine Entwicklung. Walther Bensemann etwa war einer von ihnen. In Süddeutschland gründete er erste Mannschaften, organisierte erste inoffizielle Länderspiele und schlug beim Gründungsakt des DFB am 28. Januar 1900 in der Leipziger Gaststätte *Mariengarten* den 36 Delegierten von 86 Vereinen den Verbandsnamen »Deutscher Fußball-Bund« vor. Im gesellschaftlich noch nicht etablierten Fußballsport konnten sich Juden in neue soziale Freiräume flüchten und sich den Ressentiments zumindest über 90 Minuten auf dem Spielfeld ein Stück weit entziehen. In den Krisenjahren der Weimarer Republik fiel ihnen das immer schwerer.

Gottfried Fuchs, der vergessene Rekordhalter, zählte zu den deutschen Fußballpionieren mit jüdischer Herkunft. Beim Düsseldorfer FC 1899 begann er seine Laufbahn und gewann 1907 die Westdeutsche Meisterschaft. Beim Karlsruher FV bildete er mit Julius Hirsch und Fritz Förderer das legendäre Karlsruher Sturm-Trio. Fuchs wurde mit seinem KFV 1910 als 21-Jähriger Süddeutscher Meister und besiegte im Endspiel um die Deutsche Meisterschaft Holstein Kiel mit 1:0. 1911 dann das Debüt in der Nationalmannschaft, 1912 gewann er mit der süddeutschen Auswahl noch den Kronprinzenpokal. Gottfried Fuchs – eine Bilderbuchkarriere. Sepp Herberger, der spätere Bundestrainer und Vater des Wunders von Bern, sollte ihn in den 70er-Jahren als den »Franz Beckenbauer seiner Jugend« bezeichnen. Die technischen Kunststücke und bestechenden Kombinationszüge hatten ihn so begeistert, dass er sie in der Erinnerung jederzeit nachzeichnen konnte, wie er später erzählte.

Wie so viele Juden kämpfte Fuchs im Ersten Weltkrieg als Artillerieoffizier, wurde mehrfach verwundet. Nach dem Krieg kommt er fußballerisch nicht mehr in Schwung, wechselte die Sportart und erlebt dann im Tennissport Demütigung und Verachtung in Zeiten des aufkommenden Nationalsozialismus. Am 1. April 1933 fanden im gesamten Deutschen Reich

Boykottaktionen gegen jüdische Geschäfte und Unternehmen statt. Die Verfemung ist die erste vom NS-Regime geplante Maßnahme zur Ausgrenzung der deutschen Juden aus dem Wirtschaftsleben. Drei Wochen nach dem Boykottbeginn verkündete der DFB, dass »Angehörige der jüdischen Rasse in führenden Stellungen der Verbandsinstanzen und der Vereine nicht tragbar« seien. Während andere Verbände wie die Deutsche Turnerschaft jüdische Mitglieder durch die Aufnahme eines »Arier-Paragraphen« aus den Vereinen kollektiv ausschlossen, überließ der DFB die weitere Marginalisierung seinen Vereinen. Viele Klubs strichen ihre jüdischen Mitglieder im vorauseilenden Gehorsam noch 1933 aus den Registern, andere ließen ihre jüdischen Mitstreiter bis 1936 gewähren, hatte doch Hans von Tschammer und Osten die Vereine noch zur Zurückhaltung bei der Ausgrenzung jüdischer Sportler angemahnt – der Ende April 1933 eingesetzte Reichssportführer sorgte sich um das Image der Olympischen Spiele 1936 in Berlin, das Deutsche Reich wollte keine provozierenden Signale ins Ausland senden. Viele der heimatlos gewordenen Sportler schlossen sich ab 1933 den beiden großen jüdischen Verbänden an. Der Sportbund Schild des Reichsbundes jüdischer Frontsoldaten und der Deutsche Makkabikreis erlebten durch die Ausgrenzung von

Juden aus den bürgerlichen Vereinen einen gewaltigen Mitgliederschub. Trotz Störungen durch die Gestapo und behördlichen Repressalien konnten die Sportverbände bis 1938 ihre Arbeit mit Mühe und Not aufrechterhalten. Die Pogromnacht vom 9. auf den 10. November 1938 bedeutete das Ende des jüdischen Sports in Deutschland. In dieser Nacht brannten nicht nur Synagogen, sondern auch Turnhallen. Und als 1941 die Deportationen in die Konzentrationslager starteten, machte die Vernichtungsmaschinerie auch vor den großen Fußballnamen nicht halt.

Gottfried Fuchs wurde 1935 von seinem örtlichen Tennisverein Nikolaisee ausgeschlossen. Seinen Freund Julius Hirsch hatte es schon 1933 getroffen. Am 10. April las Hirsch in seiner örtlichen Sportzeitung die folgende Mitteilung: »Die unterzeichnenden und an den Endspielen um die süddeutsche Fußballmeisterschaft beteiligten Vereine des Süddeutschen Fußball- und Leichtathletikverbandes stellen sich freudig und entschieden den von der nationalen Regierung auf dem Gebiete der körperlichen Ertüchtigung verfolgten Besprechungen zur Verfügung und sind bereit, mit allen Kräften daran mitzuarbeiten. Sie sind gewillt, in Fülle dieser Mitarbeit alle Folgerungen, insbesondere in der Frage der Entfernung der Juden aus den Sportvereinen, zu ziehen.« Zu den Unterzeichnern dieser Erklärung gehörte auch der Karlsruher FV, dem Hirsch zu diesem Zeitpunkt mehr als 30 Jahre angehörte, ebenso wie 13 weitere führende Vereine aus dem Süden des Landes wie Eintracht Frankfurt, der 1. FC Nürnberg oder Bayern München. Julius Hirsch verstand beim Lesen dieser Zeilen instinktiv, welche Folgen diese Resolution für ihn hatte. »Ich lese heute im Sportbericht Stuttgart, dass die großen Vereine, darunter auch der KFV, einen Entschluss gefasst haben, dass die Juden aus den Sportvereinen zu entfernen seien«, schrieb er an seinen Heimatverein. »Leider muss ich nun bewegten Herzens meinem lieben KFV, dem ich seit 1902 angehöre, meinen Austritt anzeigen. Nicht unerwähnt möchte ich aber lassen, dass es in dem heute so gehassten Prügelkinde der deutschen Nation auch anständige Menschen und vielleicht noch viel mehr national denkende und auch durch die Tat bewiesene und durch das Herzblut vergossene deutsche Juden gibt.« Wie Julius Hirsch wurden zigtausende Fußballer jüdischer Herkunft aus ihren Vereinen ausgeschlossen oder zum Selbstaustritt gedrängt. Eine große Erfolgsgeschichte des deutschen Fußballs wurde mit einem Schlag beendet. Die Juden in Deutschland hatten über Nacht ihre sportliche und soziale Heimat verloren. Der Ausschluss aus den Fußballvereinen war ein erster Schritt auf dem langen Weg ihrer Entrechtung, der in der weitgehenden Vernichtung der europäischen Juden im Holocaust mündete.

Anders als Gottfried Fuchs hatte es Julius Hirsch nicht mehr geschafft, rechtzeitig ins Exil zu fliehen. Er konnte sich wie so viele andere national gesinnte Juden in Deutschland nicht vorstellen, dass der Staat ihm als kaisertreuem Deutschen und verdienten Frontsoldaten im Ersten Weltkrieg nach dem Leben trachten würde. Im Februar 1943 teilte ihm die Gestapo mit, er habe sich zu einem Transport zum »Arbeitseinsatz« am Hauptbahnhof einzufinden. 212 Juden und ihre Familien aus Württemberg, Baden und dem Rheinland wurden über Stuttgart, Trier, Düsseldorf und Dortmund nach Auschwitz-Birkenau deportiert. In Dortmund verbrachten die Zuginsassen eine Nacht in einem Sammellager am Hauptbahnhof in unmittelbarer Nähe zum heutigen Deutschen Fußballmuseum. Während des kurzen Aufenthaltes gelang es Hirsch noch, eine Postkarte an seine Familie abzusetzen. »Meine Lieben. Bin gut gelandet, es geht gut. Komme nach Oberschlesien, noch in Deutschland. Herzliche Grüße und Küsse euer Juller.« Tags darauf wurde er mit den anderen Juden in Güterwaggons gepfercht und in den Osten Europas transportiert. Wahrscheinlich wurde Julius Hirsch schon am Tag seiner Ankunft in Auschwitz-Birkenau in der Gaskammer ermordet.

Nach dem Ende des Zweiten Weltkrieges blieben die jüdischen Fußballer in Deutschland vorerst aus dem kollektiven Fußballgedächtnis getilgt. Die Rehabilitierung erfolgte erst spät. Zu spät. In einer aufrüttelnden Geburtstagsrede zum 75. Gründungstag des DFB 1975 im Frankfurter Schauspielhaus hatte der Tübinger Rhetorik-Professor Walter Jens die Geschichtsvergessenheit den Honoratioren des Verbandes ins Stammbuch geschrieben: »Man muss sich seiner Geschichte vergewissern und wissen, dass sie eine aktuelle Bedeutung hat.« Fünfundzwanzig Jahre später, zum 100. Geburtstag des DFB, stellte Jens fest, dass er seine Rede genauso hätte wieder halten könnte. Mitte der 1990er-Jahre stießen einzelne Initiativen ein Umdenken an und durchbrachen die lange Phase des Verdrängens der NS-Vergangenheit im deutschen Fußball. 2001 gab der Deutsche Fußball-Bund eine unabhängige Studie zu seiner Verbandsgeschichte beim Mainzer Historiker Nils Havemann in Auftrag. Nach über drei Jahren intensiver Recherche und Durchforsten von mehr als 40 Archiven im In- und Ausland ergab die Grundlagenarbeit *Fußball unterm Hakenkreuz* 60 Jahre nach dem Holocaust ein differenziertes Bild. In der Weimarer Zeit habe der DFB noch für ein Weltbild gestanden, das die Nationalsozialisten für unvereinbar mit ihrer Ideologie hielten. Der Verband wollte für einen unpolitischen, völkerverbindenden und kommerzialisierten Fußball stehen, damit er breite Zielgruppen ansprechen und die Mitgliederzahlen des Verbandes weiter steigern konnte. Ab 1933 änderte sich die Strategie aus kühl berechnetem Eigennutz der Funktionäre grundlegend. In den ersten Jahren der Machtergreifung erhielt der Fußball starke Unterstützung der Nationalsozialisten. Viele Fußball-Funktionsträger wurden durch die Aufwertung der eigenen Position zu begeisterten Anhängern des NS-Regimes. Nach den Olympischen Spielen 1936 in Berlin wuchs die Einflussnahme der Nazis im DFB, die 1940 in dessen Eingliederung in das Reichsamt Fußball des Nationalsozialistischen Reichsbundes für Leibesübungen mündete. Dieser Prozess sei durch die verbreitete Neigung zur Realitätsverdrängung und die mangelnde Bereitschaft zur kritischen Selbstreflexion unterstützt worden, so Havemann. Zum nennenswerten Widerstand gegen die Nazis kam es daher nicht, im Gegenteil: Der Verband betrieb die perfide Ausgrenzung jüdischer Fußballer, Trainer und Amtsträger mit derselben Gründlichkeit wie andere Verbände und Organisationen in allen gesellschaftlichen Bereichen. Mit großer Begeisterung, so Havemanns Resümee, folgten viele Verbandsfunktionäre des DFB dem Aggressor Adolf Hitler. Manche identifizierten sich so stark mit der

Ideologie, dass sie die Niedertracht der NS-Diktatur mit verkörperten. Andere ließen Spielräume ungenutzt, sich den Nationalsozialisten zu widersetzen. Sie trugen so ebenfalls zur Stabilisierung des verbrecherischen Regimes bei. Der Fußball wurde zum Werkzeug der Nazis, die ihn zur Durchsetzung ihrer Rassenideologie benutzten. Der DFB, Funktionsträger, Spieler, Trainer und Vereine haben sich so mitschuldig an Verfolgung, Krieg und Vernichtung gemacht. Und zwar durch ideologische Verbohrtheit, Gedankenlosigkeit, willentliche Ignoranz, Opportunismus oder beruflichem Ehrgeiz. Am Internationalen Holocaust-Gedenktag 2018 im Deutschen Fußballmuseum formulierte Reinhard Grindel wie noch kein DFB-Präsident zuvor in dieser Deutlichkeit: »Der Ausschluss aus den Fußballvereinen war der erste Schritt auf dem langen Weg der Ausgrenzung und Entrechtung der Juden in Deutschland. Der Fußball hatte sein moralisches Rüstzeug in vorauseilendem Gehorsam aufgegeben. Es ist eine traurige Wahrheit: Auch der Fußball hat 1933 versagt, die Vereine, der DFB, sie waren keine Widerstandskämpfer.« Und weiter sagte Reinhard Grindel: »Die Geschichte des DFB wird in der Nachkriegszeit durch eine lange Phase des Verdrängens gekennzeichnet. Erst 2001, mit der Studie des Historikers Nils Havemann *Fußball unterm Hakenkreuz*, hat eine sorgfältige und engagierte Erinnerungsarbeit über die Rolle des DFB im ‚Dritten Reich' begonnen. Die Studie zeigte auf, wie viele Funktionäre des DFB sich nach 1933 für die menschenverachtenden Ziele der Nazis instrumentalisieren ließen. Und es war schnell angesichts dieser Studienergebnisse klar: Es muss ein nachhaltiger Moment der Erinnerung geschaffen werden.«

Seit der Jahrtausendwende hat sich allmählich eine vielfältige, aktive Erinnerungskultur im deutschen Fußball entwickelt. Jugendmannschaften, wie die U18-Nationalmannschaft, reisen jährlich nach Israel, um dort Zeitzeugen der Shoah zu treffen und die Gedenkstätte Yad Vashem zu besichtigen. Projekte entstehen, die eine Brücke zu den vergessenen Helden schlagen, wie der 2005 ins Leben gerufene Julius-Hirsch-Preis des DFB, der in Gedenken an den großen deutsch-jüdischen Fußballer für die Unverletzlichkeit der Würde des Menschen im Fußball und überall in der Gesellschaft eintritt. Der Preis ehrt Initiativen und Gruppen, die sich mit inhaltsstarken und kreativen Aktionen gegen Rassismus und Antisemitismus im Fußball einsetzen. Zur Europameisterschaft 2012 in Polen und der Ukraine besuchte eine Delegation der Nationalmannschaft die Ermordungsstätte von Julius Hirsch. Joachim Löw, Oliver Bierhoff, Philipp Lahm und die in Polen geborenen Miroslav Klose und Lukas Podolski setzten im ehemaligen Konzentrationslager Auschwitz-Birkenau ein geschichts- und verantwortungsbewusstes Zeichen. Christoph Heubner, Exekutiv-Vizepräsident des Internationalen Auschwitz Komitees, hatte sich am Vorabend des Besuchs in einem offenen Brief an die DFB-Delegation gewandt: »Liebe junge deutsche Spieler, verehrte Repräsentanten des Deutschen Fußball-Bundes, morgen werden Sie die Gedenkstätte Auschwitz-Birkenau besuchen. Sie werden den Ort sehen, der – wie kaum ein anderer – zum Symbol für den Mord an den jüdischen Familien Europas, an den Sinti und Roma, den Polen, den russischen Kriegsgefangenen und vielen politischen Häftlingen geworden ist: ein Tatort, ein Friedhof, eine Gedenkstätte. Viele der Opfer damals waren so alt, wie Sie heute sind. Auch viele der Täter waren junge Menschen. Die Sprache der Mörder war die deutsche Sprache. Bei Ihrem Besuch sind Sie nicht allein. Jährlich besuchen mehr als 1,5 Millionen Menschen aus vielen Ländern dieser Erde die Gedenkstätte. Fast 70 Prozent von ihnen sind unter 26 Jahre alt. Wie viele von Ihnen! Ihr Besuch ist ein wichtiges Signal für die Überlebenden – sie wollen nicht, dass dieser Ort in der Stille versinkt, sondern dass dort besonders die Stimmen junger Menschen zu hören sind. Ihre Anwesenheit und Ihre Fragen sind für sie wichtige Beweise dafür, dass die Welt nicht in der Gleichgültigkeit und dem Vergessen erkaltet. Erzählen und berichten Sie Ihren Fans, was Sie in Auschwitz gesehen haben, und was Sie von diesem Besuch dort mitnehmen: Ihre Einflussmöglichkeiten sind groß und Sie wissen, wie die Welt heute aussieht: Intoleranz, Antisemitismus und Hass gegen Minderheiten zeigen sich nicht nur in den Stadien. Dies ist ein wichtiger Besuch für Sie – an einem Ort, wo allen Menschen das Herz schneller schlägt und wo wir alle uns selber ins Gesicht sehen.«

Seit 2015 hat die Erinnerungskultur des Fußballs mit dem Deutschen Fußballmuseum einen dauerhaften öffentlichen Ort ausgerechnet in der Stadt bekommen, in der Julius Hirsch auf dem Weg nach Auschwitz-Birkenau sein letztes Lebenszeichen absetzen konnte. Die erste Dauerausstellung zur Geschichte des deutschen Fußballs stellt die historischen Entwicklungen des Fußballs vor, während und nach den Kriegen dar. Das Deutsche Fußballmuseum ordnet Fußball- und Nationalgeschichte sportlich, kulturell, gesellschaftlich und historisch ein und verknüpft dabei Gegenwartserfahrungen junger Besucher mit der Perspektive früherer Generationen. Themen wie Ausgrenzung, Verfolgung und Ermordung jüdischer Sportler gehören dabei zum festen Bestand der museumspädagogischen Vermittlungsprogramme. Die Ausstellung erinnert an die Opfer des NS-Terrors wie Julius Hirsch oder Gottfried Fuchs; sie zeigt Karrieren wie die des Stürmers Otto »Tull« Harder vom Hamburger SV, der Aufseher in verschiedenen Konzentrationslagern wurde; sie demaskiert Reichstrainer Otto Nerz mit seinen antisemitischen Hetzschriften in der *Berliner Zeitung*, die der Historiker Moshe Zimmermann in diesem Band einer genaueren Betrachtung unterzieht; sie beleuchtet die Laufbahn von Funktionären wie die des damaligen DFB-Präsidenten Felix Linnemann, der aktiv an der Verfolgung von Sinti und Roma in seiner Funktion als Leiter der Kriminalpolizeistelle von Hannover beteiligt war; sie thematisiert Mitläufer wie Sepp Herberger, der sehr früh der NSDAP beitrat und von der Spruchkammer zur Entnazifizierung in Weinheim als Mitläufer ohne Amt und Rang eingestuft wurde. Die Ausstellung zeigt auf, wie die Juden in Deutschland aus ihrem Sport systematisch verbannt wurden und wie perfide die Nazis den Fußball zu Propagandazwecken missbrauchten: Von 1942 bis 1944 wurden im Konzentrationslager Theresienstadt unweit von Prag, das eine Zwischenstation zu den Vernichtungslagern im besetzten Polen war, Fußballspiele zwischen den Inhaftierten ausgetragen und gefilmt. Die Aufnahmen sollten die angeblich guten Lebensverhältnisse im Ghetto Theresienstadt vorgaukeln und die Vernichtungspolitik des Regimes verschleiern.

Oded Breda entdeckte zufällig auf dem erhaltenen Filmmaterial seinen Onkel, der, wie alle seine Mitspieler, wenige Tage nach den Aufnahmen 1944 von den Nazis ermordet wurde. Gemeinsam mit dem Filmemacher Mike Schwartz reiste Oded Breda quer durch Europa. Sie arbeiteten die Szenen des NS-Propagandafilms in ihrem historischen Kontext umfassend auf und führten dazu Interviews mit den letzten noch lebenden Zeitzeugen. Beide legten ein wichtiges Zeitdokument vor, mit dem ein fast vergessenes Kapitel Fußballgeschichte wieder zum Vorschein kam. Das Deutsche Fußballmuseum ist das erste Museum in Europa, das dieses Thema in seiner Dauerausstellung aufgegriffen hat.

Das Deutsche Fußballmuseum in Dortmund ist zum Gedächtnisort für Geschichte geworden. Ein Ort des Erinnerns auch für die verfemten und ermordeten jüdischen Fußballer, die dem Fußball in Deutschland einst wichtige Impulse gaben und doch über Jahrzehnte vergessen wurden. Die Dauerausstellung stellt neben vielen Exponaten, Zeugnissen und Filmbeiträgen das unvollständige und zur Fortführung angelegte Buch der »Verlorenen Helden« aus. Die Sporthistoriker Lorenz Peiffer und Henry Wahlig haben darin 192 Lebensläufe jüdischer Fußballer recherchiert und erforscht. Von A wie Oscar Aaquist, dem großen Förderer und Mitglied des Hamburger SV, der Mitte 1933 nach Haifa im heutigen Israel fliehen konnte, bis W wie

Jonas Wolf, Schiedsrichter und Funktionär beim RSV Germania 03 Pfungstadt im Süddeutschen Fußball- und Leichtathletikverband, der mit seinem Neffen als einziges Familienmitglied den Holocaust überlebte. Die Sammlung ist und kann nicht vollständig sein. Die Besucher sind aufgerufen, auf vergessene Fußballspieler, Vereinsgründer, Schiedsrichter, Sportjournalisten und Fußballfans jüdischer Herkunft aufmerksam zu machen, die nach dem Holocaust noch immer aus dem Blickfeld des Fußballs verschwunden sind. Das Buch ist Anerkennung für vollbrachte Leistungen und Mahnung zugleich, in einer Zeit, in der Fremdenfeindlichkeit und Antisemitismus nicht aus den Fankurven verschwunden sind und deutsche Zuschauer rechtsradikale Parolen durch das Stadion brüllen.

Als ein Rekordhalter der Nationalmannschaft erfährt Gottfried Fuchs im Buch der »Verlorenen Helden« eine besondere Würdigung, die ihm über Jahrzehnte verwehrt wurde. 1972 wollte Alt-Bundestrainer Sepp Herberger sein Jugendidol offiziell über den Deutschen Fußball-Bund zur Einweihung des Münchner Olympiastadions zum Länderspiel gegen die Sowjetunion einladen. 35 Jahre nach seiner Flucht aus Nazi-Deutschland sollte Godfrey Fochs, wie der einstige Torjäger des Karlsruher FV in seiner neuen Heimat Kanada genannt wurde, das erste Mal nach Deutschland zurückkehren. Herberger schrieb wie beseelt an das DFB-Präsidium, dass diese Geste »als ein Versuch der Wiedergutmachung willfahrenden Unrechtes sicherlich nicht nur im Kreis der Fußballer und Sportler, sondern überall in Deutschland ein gutes Echo finden würde«. Sein Wunsch fand kein Gehör. Es bestehe »keine Neigung, im Sinne ihres Vorschlags zu verfahren«, hieß es im Antwortschreiben an Herberger. »Eine einzigartige Enttäuschung«, schrieb Herberger daraufhin an Fuchs nach Kanada, »und ein Anlass, wieder einmal festzustellen, dass in dieser heute so verdrehten Welt auf niemanden mehr Verlass ist«. Herbergers Worte sollten Deutschlands vergessenen Rekordhalter nicht mehr erreichen. Gottfried Fuchs war noch vor Eintreffen der Zeilen in Montreal mit 83 Jahren an einem Herzinfarkt verstorben.

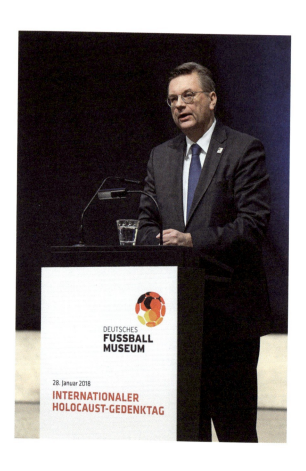

REINHARD GRINDEL

»Der Fußball muss wachsam sein!«

Der Präsident des Deutschen Fußball-Bundes über Werte des Fußballs und den Kampf gegen Antisemitismus und Diskriminierung.

Jedes Jahr im Dezember – wenn die Sicherheitslage es zulässt – nimmt unsere U18-Nationalmannschaft an einem Turnier in Israel teil. Gemeinsam mit Mannschaften aus Serbien, Ungarn oder Japan wird Fußball gespielt, aber die eigentlichen Höhepunkte der Reise finden immer neben dem Platz statt: Gespräche mit Zeitzeugen der Shoah oder ihrer Angehörigen und vor allem der gemeinsame Besuch der Holocaust-Gedenkstätte Yad Vashem.

Unsere Spieler und ihre Fußball-Freunde aus den anderen Ländern werden dort nicht nur mit der Unmenschlichkeit der Gräueltaten der Nazis konfrontiert, sondern die Mitarbeiter von Yad Vashem verstehen es, sehr eindrucksvoll zu vermitteln, wie Lebensträume gerade auch junger Menschen zerstört wurden. Ich habe erlebt, wie bewegt unsere Spieler nach dem Besuch waren, und zwar Spieler christlichen und muslimischen Glaubens. Jerusalem ist schließlich für sie alle ein besonderer Ort.

Viele denken dann schon einmal darüber nach, welch Glück es ist, als junger Mensch Lebensträume verwirklichen zu können, etwa den, Fußball-Profi zu werden. Und welches Glück es darstellt, in einem Land zu leben, in dem Freiheit herrscht und die Würde des Menschen geachtet wird. Über 200 deutsche Juniorennationalspieler haben in den letzten zehn Jahren bei diesem Turnier gespielt. Sie denken darüber nach, dass das, was ihnen oft so selbstverständlich erscheint, vielleicht doch nicht so selbstverständlich ist. Und, ich wiederhole das ganz bewusst, es sind Spieler christlichen und muslimischen Glaubens, die gemeinsam vereint in unserem Team diese Gedanken und Gefühle teilen.

Der Fußball hat eine große Integrationskraft. Er verbindet Alt und Jung, Reich und Arm, Frauen und Männer, Menschen mit und ohne Migrationsgeschichte. Daraus erwächst für alle, die im Fußball aktiv sind, die Verantwortung, die Chancen wahrzunehmen, die sich aus dieser Integrationskraft ergeben. Dem Ball ist es egal, wer gegen ihn tritt. Aber Fußball macht nur dann Freude, wenn sich alle an die Regeln halten. Das gilt auf und neben dem Platz.

Und es geht darum, dabei die Prioritäten wieder richtig zu setzen. Wir reden so viel über Themen wie den Videoassistenten. Ich finde, wir müssen uns verstärkt mit dem befassen, was wirklich wichtig ist – die Werte des Fußballs überall zu achten und zu leben: Respekt und Toleranz, Fair Play und Teamgeist. Das ist das, was zählt. Darauf kommt es an!

Das klingt selbstverständlich und ist es doch nicht. Spieler und Fans der Makkabi-Vereine berichten davon, wie sie bei Begegnungen in den unteren Spielklassen beleidigt und getreten werden. Hinter dem eigenen Stadiontor gibt es mehr Rassismus als wir denken und nicht immer wird mit Null-Toleranz darauf reagiert.

Als der AfD-Politiker Gauland seine Demagogie gegen unseren Nationalspieler Jérôme Boateng verbreitet hatte, waren es Zehntausende, die sich sofort dagegenstellten; klar und deutlich, teilweise mit feiner Ironie, wenn ich an unseren früheren Nationalspieler Gerald Asamoah denke, der postete: »War da was mit Gauland und Boateng? Habe nichts mitbekommen, war den ganzen Tag bei meinen Nachbarn.« Aber wir müssen uns die Frage gefallen lassen: Reagieren wir immer so konsequent, wenn es nicht um die Nationalmannschaft, sondern um ein Spiel in der Kreisliga geht und nicht um einen so prominenten Spieler wie Jérôme Boateng? Wir müssen uns vor jeden stellen, der wegen seiner Religion, seiner Herkunft, seiner Ethnie oder seiner sexuellen Orientierung angegriffen wird. Wer gegen die Werte des Fußballs verstößt, dem müssen wir die Rote Karte zeigen!

Genau das geschah nicht, als schon 1933 Vereine des Süddeutschen Fußball-Verbandes die Entfernung der Juden aus den Sportvereinen beschlossen, darunter der Karlsruher FV, der Heimatverein des Nationalspielers jüdischen Glaubens, Julius Hirsch, dem er seit seinem zehnten Lebensjahr angehörte. Er verstand sofort, was das für ihn bedeutet. Noch am selben Nachmittag schreibt er einen Brief an den KFV und erklärt »bewegten Herzens« seinen Austritt. Seine Erschütterung ist deutlich aus den Zeilen spürbar.

Er, der Nationalspieler und Olympiateilnehmer, der zweifache deutsche Meister, Idol einer ganzen Fußballergeneration bis hin zu Sepp Herberger. Er, der angesehene Karlsruher Bürger, Kaufmann, Patriot, Weltkriegssoldat, Ordensträger. Er, der stolze Deutsche, der fest daran glaubte, einer von ihnen zu sein, mit denen er Seite an Seite auf dem Fußballfeld stand und über Tore jubelte, er sollte nicht mehr dazu gehören.

Ähnlich wie Julius Hirsch wurden damals tausende weitere Fußballer jüdischen Glaubens aus ihren Vereinen ausgeschlossen oder zum Vereinsaustritt gezwungen. Erfolge zählten nicht mehr. Die Werte des Fußballs wie Kameradschaft und Zusammenhalt wurden mit Füßen getreten. Der Hass auf die Juden machte nicht halt, auch nicht vor vielen, die sich großartige Verdienste um den deutschen Fußball erworben hatten: wie der Mitbegründer des DFB und des Kicker, Walther Bensemann, der Präsident des FC Bayern München, Kurt Landauer oder eben die beiden Nationalspieler Gottfried Fuchs und Julius Hirsch.

Viele Fußballer jüdischen Glaubens wie Julius Hirsch waren fassungslos. Für sie war der Verein nicht nur eine sportliche, sondern auch eine soziale Heimat. Weder in Karlsruhe noch anderswo rührte sich konzertierter Widerstand. Es gab vereinzelt Menschen, die halfen: Lorenz Huber, der Hirsch unter der Hand Eier und Butter für die Familie zukommen ließ und ihm heimlich die Hintertür zum Stadion aufschloss, weil der seinen KFV immer noch gerne spielen sah.

Der Ausschluss aus den Fußballvereinen war der erste Schritt auf dem langen Weg der Ausgrenzung und Entrechtung der Juden in Deutschland. Der Fußball hatte sein moralisches Rüstzeug in vorauseilendem Gehorsam aufgegeben. Es ist eine traurige Wahrheit: Auch der Fußball hat 1933 versagt, die Vereine, der DFB, sie waren keine Widerstandskämpfer.

Die Geschichte des DFB wird in der Nachkriegszeit durch eine lange Phase des Verdrängens der eigenen

NS-Vergangenheit gekennzeichnet. Erst 2001, mit der Studie des Historikers Nils Havemann »Fußball unterm Hakenkreuz«, hat eine sorgfältige und engagierte Erinnerungsarbeit über die Rolle des DFB im »Dritten Reich« begonnen. Die Studie zeigt auf, wie viele Funktionäre des DFB sich nach 1933 für die menschenverachtenden Ziele der Nazis instrumentalisieren ließen. Und es war schnell angesichts dieser Studienergebnisse klar: Es muss ein nachhaltiger Moment der Erinnerung geschaffen werden. Dieser Moment ist nun alljährlich die Verleihung des Julius-Hirsch-Preises.

Wir sind der Familie Hirsch dankbar, dass sie so viel Vertrauen in den DFB gesetzt hat, dass wir diesen Preis verleihen dürfen. Angesichts der positiven Entwicklung glaube ich sagen zu können, dass wir mit unseren eindringlichen Veranstaltungen jedes Jahr ein klares Zeichen setzen gegen Antisemitismus und Rassismus. 85 Jahre nach dem kollektiven Versagen einer ganzen Generation leben wir in einem anderen Land. Und wir stehen für einen anderen Fußball. Einen Fußball, der seine Werte auch lebt. Wir stehen für Vereinsmitglieder, die aktiv in Flüchtlingsunterkünfte gehen und dort junge Menschen einladen, mitzuspielen, die sie auf Behörden begleiten und ihnen helfen, unsere Sprache zu lernen. Sie bieten ihnen eine erste neue Heimat. Mittlerweile haben rund 40.000 Flüchtlinge einen Spielerpass und sind in unseren Vereinen integriert.

Abseits des medialen Scheinwerferlichts der Nationalmannschaft und der Bundesliga sind die Fußballvereine an der Basis zu einem der meist unterschätzten, aber wichtigsten Integrationsorte in unserem Land geworden. Ich bin stolz, dass der DFB heute ein Verband ist, der für Vielfalt steht. Vielfalt ist eine Stärke, wie wir bei der Weltmeisterschaft 2014 in Brasilien erfahren haben, wo Mats Hummels und Jérôme Boateng, Mario Götze und Mesut Özil gemeinsam den Titel errungen haben. Wo unsere Mannschaft gezeigt hat, was man erreichen kann, wenn man zusammenhält, unabhängig von ethnischer Herkunft, Religion oder Hautfarbe.

Trotz der vielfältigen Aktivitäten unserer Vereine sind Fremdenfeindlichkeit und Antisemitismus bis heute nicht aus den Fankurven verschwunden. Bei unserem Länderspiel im September 2017 gegen Tschechien, ausgerechnet in Prag also, skandierten Hooligans und Neonazis rassistische und antisemitische Parolen. Weil sie sich direkt neben dem Block mit den deutschen Fans postiert hatten, verzichteten unsere Spieler auf den sonst obligatorischen Gang zur Fankurve. Sie hatten auf dem Platz mitbekommen, was da gerufen wurde, und setzten ein klares Zeichen: Mit diesen Leuten wollen wir nichts zu tun haben!

So gelungen diese Aktion war, müssen wir doch ehrlich sein: Der Antisemitismus ist ein gesellschaftliches Problem, der sich gerade auch die Bühne des Fußballs für sein Treiben aussucht. Ob wir es wollen oder nicht: Die Herausforderungen des Alltags erlauben es nicht, dass der Fußball sich auf die lang geübte Floskel zurückzieht, dass der Sport unpolitisch sei. Im Gegenteil: Er ist nicht unpolitisch und er war es nie. Dazu war seine Popularität zu verführerisch und wird es auch künftig sein. In dieser komplexer werdenden Gemengelage und wachsenden Verantwortung sind es die ureigenen Grundwerte des Fußball selbst, auf die wir uns besinnen müssen, und die unseren Sport in weniger als hundert Jahren zu einer der populärsten Bewegungen weltweit gemacht haben.

Der Fußball ist ein Spiel für alle Menschen: Er steht für Vielfalt, Respekt, Fair Play, Toleranz, Integration und Inklusion. Der DFB hat mehr als sieben Millionen Mitglieder. Jede und jeder von ihnen ist einzigartig. Wir sind verbunden durch den Sport, wir sind uns gegenseitig Mitspieler, Gegenspieler, wir sind uns ganz bestimmt gute Nachbarn, wir teilen Leidenschaften und uns verbinden Freundschaften.

Und doch können wir den Kampf gegen Antisemitismus und Rassismus nicht allein gewinnen. Aber der Fußball muss dort wachsam sein, wo er in unseren Reihen und auf unseren Rängen auftritt. Hier sind wir gefordert, Haltung zu zeigen, wenn gegen die Werte des Fußballs verstoßen wird und ein klares »Nie wieder« zu sagen. Auf diese Weise können wir einen Beitrag für eine offene und vielfältige Gesellschaft leisten. Dies ist das Vermächtnis, dem wir in Gedenken an Julius Hirsch und allen Opfern des Holocaust nicht nur an Gedenktagen, sondern im Alltag unserer Vereine verpflichtet sind.

S. E. JEREMY ISSACHAROFF

»Komplexe Emotionen«

Der Botschafter des Staates Israel über seine ganz persönlichen Holocaust-Erfahrungen und den Wunsch, dass sich die Last der Geschichte mit der Perspektive der Zeit in eine dynamische Partnerschaft zwischen Deutschland und Israel verwandelt.

Es ist etwas Besonderes und sehr bewegend für mich, heute hier in Dortmund im Deutschen Fußballmuseum zu sein. Als Botschafter des Staates Israel in Deutschland hier zu sein, symbolisiert auch die vielen komplexen Emotionen, die jeder jüdische Mensch bei einem solchen Anlass haben würde.

In der Tat wurden viele verschiedene Lehren und Schlussfolgerungen aus dem Holocaust gezogen und ich bin mir nicht sicher, wie weit wir in der Lage sind, seine Auswirkungen und sein Ausmaß vollständig zu verstehen. Die Familien meines Vaters und meiner Mutter wurden vor dem Zweiten Weltkrieg in Jerusalem geboren und lebten in dieser Stadt. Sie blieben unberührt vom Horror des Holocaust, und das hat für mich immer die zentrale Bedeutung Israels als sicheres und gesichertes Heimatland für das jüdische Volk hervorgehoben.

Aber der Holocaust und seine Auswirkungen kamen mir persönlich viel näher, als ich meine Frau Laura heiratete. Lauras Familie stammte aus Dortmund. Ihr Urgroßvater und ihre Urgroßmutter wurden in Theresienstadt und im Dortmunder Ghetto ermordet und ihre Mutter überlebte als Kind versteckt in Belgien. Der Großvater meiner Frau, Saul Birnberg, hatte seine Frau und seine beiden Töchter nach Brüssel gebracht und es ihnen somit ermöglicht, zu überleben.

Saul Birnberg wurde in Brüssel denunziert, gefangen genommen und nach Auschwitz deportiert. Da er verwundet worden war, wurde er nahezu sofort in der Gaskammer ermordet. Ich erwähne das aus dem Grund, weil Saul Birnberg ein professioneller Fußballspieler war. Noch konnten wir nicht herausfinden, für welches Team er gespielt hat. Doch man sieht, dass es für mich sehr persönlich wurde, als ich von Julius Hirsch hörte. Ein angesehener ehemaliger Spieler der deutschen Nationalmannschaft wurde vom Dortmunder Bahnhof nach Auschwitz deportiert.

Diese grausige Ähnlichkeit der Geschichten von zwei stolzen deutschen Fußballspielern sagt so viel aus. Vor allem macht sie deutlich, wie der Holocaust jeden Aspekt des Lebens in Deutschland und letztlich jeden jüdischen Menschen berührt hat.

Dies ist ein Tag der Trauer, an dem wir an die Millionen Opfer des Holocaust erinnern. Mit der Perspektive der Zeit können wir hoffentlich diese Last der Geschichte in eine dynamische Partnerschaft in der Gegenwart zwischen unseren beiden Nationen verwandeln. Der ehemalige Bundespräsident Joachim Gauck sagte im Jahr 2015 im Deutschen Bundestag: »Es gibt keine deutsche Identität ohne Auschwitz.« Während das, in tragischer Weise, für Julius Hirsch und Saul Birnberg galt, muss es nicht unser gemeinsames Schicksal bestimmen.

Abschließend freue ich mich sagen zu können, dass die Zusammenarbeit und die starken Verbindungen zwischen dem DFB und Israel zeigen, dass unsere einst komplizierten Beziehungen zu einer tiefen und engen Freundschaft geworden sind, was nicht zuletzt der führenden Rolle von Reinhard Grindel, einem großen Freund Israels, zu verdanken ist.

CLAUDIA ROTH

»Erinnerung ist jeden Tag«

Die Vizepräsidentin des Deutschen Bundestages über die Verantwortung, das kollektive Gedächtnis kontinuierlich zu erneuern und sich all jenen, die das Vergessen einfordern, mit aller Kraft entgegenzustellen.

Am 27. Januar 1945 stieß ein Soldat der Roten Armee ein Tor auf. Es war der Eingang zum monströsesten Ort in einem ohnehin monströsen System, die Pforte zu einer Hölle namens Auschwitz. Diesmal aber würde das Tor nicht wieder verschlossen werden, es blieb geöffnet, ermöglichte den wenigen Überlebenden den Weg hinaus, zurück in die Menschlichkeit – und wies diesem Land den schwierigen Pfad zu Aufarbeitung und Versöhnung. Es war in diesem Moment, da zwei Worte ihren Ursprung nahmen: nie wieder.

Dieses »nie wieder« aber setzt voraus, dass wir uns erinnern, immer und immer wieder. Nicht etwa der alleinigen Rückschau halber, sondern als Erinnern in die Gegenwart, als Erinnern in die Zukunft. Das erscheint mir heute wichtiger denn je. Das Selbstverständliche nämlich ist nicht mehr selbstverständlich in diesem Land, wenn »Jude« wieder

Schimpfwort auf den Schulhöfen ist, wenn auch in vielen Stadien rassistische Beschimpfungen keine Ausnahme mehr sind. Es erscheint mir wichtiger denn je, wenn erstmals seit dem Zweiten Weltkrieg im Bundestag, der Herzkammer unserer lebendigen und starken parlamentarischen Demokratie, wieder Abgeordnete das Wort ergreifen, die einen »Schlussstrich« ziehen wollen, wo es keinen geben kann; die den zentralen Ort des Gedenkens in Berlin, nicht aber das Geschehene als »Schande« bezeichnen; die wieder bestimmen wollen, wer dazugehört und wer nicht – zu ihrem exklusiven Klub, ihrem einförmigen und grauen »deutschen Volk« statt jener vielfältigen, bunten Bevölkerung, diesem starken »wir alle«, das doch unser Land, das auch den deutschen Sport längst prägt und reich macht.

Dieser offene Angriff auf unsere Erinnerungskultur, dieser Versuch einer Geschichtsklitterung, einer Relativierung der Naziverbrechen muss für uns alle – in Sport und Politik, in Kirchen und Zivilgesellschaft, in Verbänden und auch in unserem Alltag – dreierlei bedeuten: Gesicht-Zeigen; lauten Widerstand, Widerspruch; Verantwortung. Mehr denn je tragen wir die Verantwortung, das kollektive Gedächtnis kontinuierlich zu erneuern und uns all jenen, die das Vergessen einfordern, mit aller Kraft entgegenzustellen.

Der Fußball darf da nicht fehlen. Als fester und gestaltungsmächtiger Pfeiler unserer Gesellschaft kann und muss er seinen Beitrag leisten. Für mich gehören Fußball und Politik zusammen – nicht erst, seitdem im Hinblick auf die Weltmeisterschaften 2014 in Brasilien, 2018 in Russland oder 2022 in Katar über Umweltzerstörungen, die Rechte von Homosexuellen oder die menschenunwürdigen Arbeitsbedingungen beim Bau der Sportstätten diskutiert wird. Die Vorstellung, Fußball losgelöst von seinem gesellschaftlichen Kontext betreiben und vermarkten zu können, ist bestenfalls Illusion. Zu groß ist seine identitätsstiftende Kraft und zu wichtig seine soziale Dimension – eben auch, wenn es um den Kampf gegen Rassismus und Antisemitismus geht.

Das gilt umso mehr, als auch der Fußball im Vorfeld des Zweiten Weltkrieges eine in weiten Teilen äußerst unrühmliche Rolle gespielt hat. Um es in aller Deutlichkeit zu sagen: Viele Vereine und auch der Deutsche Fußball-Bund haben unter nationalsozialistischer Herrschaft versagt, haben sich gefügt und eingereiht, haben bei der vermeintlichen »Säuberung« von Vereinen und Verband tatkräftig unterstützt.

Viele jüdische Fußballer, aber auch Sinti und Roma sowie Homosexuelle, bezahlten das mit ihrem Leben. Stellvertretend fällt in diesem Zusammenhang immer wieder ein Name: der des jüdischen deutschen Nationalspielers Julius Hirsch. Vor der NS-Zeit hatte Julius Hirsch sieben Mal das Trikot der deutschen Nationalmannschaft übergestreift, hatte an den

Olympischen Spielen 1912 in Stockholm teilgenommen und war immerhin der erste Spieler der deutschen Fußballgeschichte gewesen, der mit zwei Vereinen – dem Karlsruher Fußballverein und der Spielvereinigung Fürth – die deutsche Meisterschaft gewann. Am 3. März 1943 gelangte Julius Hirsch in einem vollgepferchten Güterzug an einen Bahnsteig in Auschwitz, wo er vermutlich umgehend vergast wurde.

Einer der Zwischenhalte dieses Zuges war Dortmund, das heutige Zuhause des Deutschen Fußballmuseums. Und dieses Fußballmuseum, es zeigt den Jubel und die Triumphe, aber eben auch die negativen Seiten des Fußballs, den Missbrauch und die Infiltrierung des Sports im nationalsozialistischen Deutschland. Ich bin dem Museum dafür sehr dankbar, denn immer wieder sendet es damit ein wichtiges Signal: gegen den Hass und die Hetze; gegen den Vormarsch von Ausländerfeindlichkeit, Antisemitismus, Antiziganismus in unserer Gesellschaft und auch im Stadion; vor allem aber für einen modernen und weltoffenen Sport in einem modernen und weltoffenen Deutschland.

Und ich bin zuversichtlich, dass diese Botschaft gehört wird. Im Deutschen Fußball-Bund, einem der größten Sportverbände der Welt, der entsprechend große Verantwortung trägt, auch und gerade als Botschafter deutscher Erinnerungskultur nach außen. In den Fankurven, in denen viele Menschen deutschlandweit bereits das einzig Richtige tun: Rassismus und Antisemitismus keinen Fuß breit Platz zu geben, eben nicht zu vergessen, sondern zu erinnern. Und schließlich auch in den Klubs und Vereinen, in denen schon so viel Sensibilisierung passiert, aber noch so viele Herausforderungen vor uns liegen – nicht zuletzt mit Blick auf die jeweils eigene Vereinsgeschichte, die in vielen Fällen noch tief begraben liegt.

Das gilt dann übrigens nicht nur für die Bundesliga, sondern gerade auch für die kleineren Strukturen, die noch deutlich mehr Unterstützung verdient hätten. Wie oft versuchen nicht im Dorf einige wenige Ehrenamtler, den jeweiligen Verein zusammenzuhalten, zumindest ein paar regelmäßige Trainings auf die Beine zu stellen, sind dabei Coach und Platzwart und gern auch mal Schiedsrichter in einer Person. Sie leisten Großartiges für den gesellschaftlichen Zusammenhalt, sind aber womöglich damit überfordert, zielgerichtet oder überhaupt auf etwaige rechtsextreme Entwicklungen im Vereinsumfeld zu reagieren. Gerade hier braucht es eine Verstetigung von Unterstützung im Kampf gegen Rechts, von den obersten Ligen bis hin zum Bolzplatz.

Zugleich bin ich froh, dass immer wieder auch erfolgreiche Spieler und hochrangige Vereinsfunktionäre die Vorbildfunktion des Fußballs anerkennen und aktiv nutzen, sich nicht wegducken und dem Rassismus stattdessen etwas entgegensetzen. Fußball ist Spiegelbild, bisweilen auch Brennglas unserer Realität als vielfältige Gesellschaft, als Einwanderungsland namens Deutschland. Wenn da ein Mats Hummels seine Mannschaft nach einem Länderspiel in Prag grußlos am eigenen Fanblock vorbei in die Kabine führt, weil von der Tribüne immer wieder auch Sieg-Heil-Rufe ertönt waren, sendet das ein unendlich wichtiges Zeichen nicht nur an die Rufer selbst, sondern vor allem an die große Mehrheit der Fans, die mit derartigen Parolen nichts zu tun haben wollen. Wenn Joachim Löw als Bundestrainer rechten Hetzern im Stadion entgegenhält, seine Mannschaft sei nicht »deren Nationalmannschaft«, dann ist es meine umso mehr. Und wenn ein Kevin-Prince Boateng nicht nur kämpferisch zum Einsatz gegen Rassismus aufruft, sondern im Interview offen und ehrlich über seine Gefühle spricht – darüber, was die immer wiederkehrenden Beleidigungen und Angriffe mit einem jungen Fußballer machen – dann verdient auch das größten Respekt.

Und es macht Hoffnung. Zwar kann und möchte ich von niemandem verlangen, dass er oder sie sich gesellschaftspolitisch äußert. Wer es aber will, muss es auch können dürfen. Vielleicht vollzieht sich hier ja gerade ein Wandel, den nicht zuletzt der Deutsche Fußball-Bund tatkräftig unterstützen sollte: weg von den tausendfach gehörten Sprechblasen, den Worthülsen, den Stromlinien; weg auch von der realitätsfremden Vorstellung, Sport und Politik könnten wir trennen; hin zu mündigen Sportlerinnen und Sportlern, die Position beziehen, wenn sie es denn wollen, und damit Vorbild in einer Gesellschaft sind, die vor der großen Herausforderung steht, wieder ein Stück weit politischer und auch wehrhafter zu werden.

Ich jedenfalls würde mir wünschen, dass der Fußball die Kraft hat, sein großes gesellschaftliches Potential zu nutzen. Und zwar so lange, bis allen endgültig bewusst ist, dass Özil und Khedira und Sané ebenso deutsche Nachnamen sind wie Neuer und Müller und Werner. So lange, bis sich auch schwule Männer und lesbische Frauen nicht mehr verstecken müssen, sondern schon während ihrer fußballerischen Laufbahn schlichtweg sie selbst sein können. So lange, bis der Fußball endgültig und allerorts mehr ist als Fußball: nämlich die Begegnung und Zusammenführung von Menschen auf Augenhöhe, mit Respekt, unabhängig von Herkunft und Hautfarbe, Religion oder sexueller Orientierung. Und letztlich auch ein millionenfaches »nie wieder«, das da aus den deutschen Stadien und Fanblocks schallt.

Erinnerung nämlich ist bekanntermaßen nichts für den 27. Januar, ist nichts für Gedenktage allein. Erinnerung ist jeden Tag.

ULLRICH SIERAU

»Niemals dürfen wir den Brandstiftern das Feld überlassen«

Der Oberbürgermeister der Stadt Dortmund über Werte des Fußballs und den Kampf gegen Antisemitismus und Diskriminierung.

Das Konzentrationslager Auschwitz gilt als Inbegriff des Holocausts. Während der Zeit des Nationalsozialismus wurden dort über anderthalb Millionen Menschen – Männer, Frauen und Kinder – grausam ermordet. Es waren hauptsächlich Menschen jüdischen Glaubens. Aber auch andere Verfolgte und Ausgegrenzte wie Sinti und Roma, Homosexuelle, geistig Behinderte oder Regime-Gegner sind dort ums Leben gekommen. Genaue Angaben zur Opferzahl sind bis heute nicht möglich. Wenn man das einmal vor Ort nachempfunden hat – ich bin vor Jahren mit einer Dortmunder Jugendgruppe in Auschwitz gewesen – ist das auch keine Frage der Größenordnung. Jeder und jede Einzelne ist ein Todesopfer zu viel. Man ist nur noch zutiefst erschüttert über die Systematik, mit der dort gemordet wurde.

Als am 27. Januar 1945 die Rote Armee die Gefangenen des Konzentrationslagers in Auschwitz befreit hat, hatte dieses Grauen ein Ende gefunden. Aber wir wissen, dass die traumatischen Erlebnisse bei den Überlebenden und ihren Angehörigen bis heute Leid verursachen. Insofern ist der Jahrestag der Befreiung auch ein Tag des Gedenkens. Er wurde 1996 zum offiziellen deutschen Gedenktag und im Jahr 2005 von den Vereinten Nationen zum Internationalen Tag des Gedenkens an die Opfer des Holocausts erklärt.

Auch von Dortmund aus fuhr ein Deportationszug nach Auschwitz. Vom Ostbahnhof am Heiligen Weg. Am dortigen Wasserturm erinnert eine Gedenkplatte an den März 1943, als in einem Koppelzug mehrere hundert jüdische Arbeiter und ihre Familien abtransportiert wurden. Die Deportation aus Dortmund jährt sich in 2018 zum 75. Mal.

Zu den Deportierten zählten auch Menschen aus Baden, Stuttgart, Trier und anderen rheinischen Städten. Die Verschleppten mussten die Personenwagen, mit denen sie nach Dortmund befördert worden waren, verlassen und eine Nacht in der Börse verbringen – einer Viehhalle unmittelbar nördlich des Hauptbahnhofes. Am nächsten Morgen wurden sie unter den Augen zahlreicher hämischer Schaulustiger quer durch die Stadt zum Südbahnhof geführt, von wo aus ihr Weitertransport in Güterwaggons nach Auschwitz erfolgte.

In diesem Zug herrschten menschenunwürdige Zustände. Schon den Transport überlebten viele nicht.

Unter den Juden aus Baden befand sich auch der prominente Sportler Julius Hirsch, der vor dem Ersten Weltkrieg sieben Mal für die deutsche Fußballnationalmannschaft gespielt und auch an den Olympischen Spielen teilgenommen hatte. Sein letztes Lebenszeichen ist eine am 3. März 1943 in Dortmund abgestempelte Postkarte. In der Ausstellung des Deutschen Fußballmuseums hier in Dortmund erinnern Exponate, die aus Julius Hirschs Familienbesitz stammen, an dessen bedrückendes Schicksal. Sie sind gleichzeitig eine verdiente Würdigung eines viel zu kurzen Sportlerlebens.

In Dortmund ist es uns ausgesprochen wichtig, Anlässe wie den »Internationalen Tag des Gedenkens an die Opfer des Holocausts« zu begehen. Er steht in einer Reihe mit weiteren Veranstaltungen und Aktionen, mit denen wir in unserer Stadt regelmäßig an die Gräueltaten während der Gewaltherrschaft der Nationalsozialisten erinnern. Fester Bestandteil unserer Erinnerungsarbeit ist auch das jährliche Gedenken an die Pogromnacht am 9. November, Gedenkveranstaltungen zum 8. Mai, dem Tag, an dem der Zweite Weltkrieg endete, und zum Antikriegstag am 1. September.

Das Karfreitagsgedenken am Mahnmal in der Dortmunder Bittermark, zu dem Jahr für Jahr nicht nur Dortmunderinnen und Dortmunder, sondern auch zahlreiche Gäste aus dem In- und Ausland kommen, zählt ebenfalls dazu. Fest verbunden mit dieser Gedenkstunde ist seit nunmehr 14 Jahren der »Heinrich-Czerkus-Gedächtnislauf«, den die Natur-Freunde Kreuzviertel, das Fan-Projekt Dortmund und der BVB-Fanklub Heinrich Czerkus gemeinsam mit dem BVB jährlich durchführen. Dieser Lauf ist eine Erinnerung an den ehemaligen Platzwart des BVB, Heinrich Czerkus, ein Kommunist und Widerstandskämpfer gegen den Nationalsozialismus. Er wurde in den letzten Kriegswochen festgenommen und mit rund 300 weiteren Gesinnungsgenossen und Zwangsarbeitern in der Bittermark ermordet.

Auch durch die Mahn- und Gedenkstätte Steinwache, die derzeit modernisiert wird, halten wir die Erinnerung an die menschenverachtenden Taten des Nazi-Regimes aufrecht. Zudem haben wir als Zeichen des Nicht-Vergessens an vielen Stellen im Stadtgebiet Stolpersteine verlegt und Korbinian-Apfelbäume gepflanzt.

Eine Selbstverständlichkeit und ein Bekenntnis zur Vergangenheit und zur Zukunft ist für uns die Mitgliedschaft in der Organisation AMCHA. Der Verein leistet wertvolle psychosoziale Unterstützung der Überlebenden des Holocausts. Es ist ausgesprochen wichtig, dass gerade Jugendliche sich mit den Themen Nationalsozialismus und Demokratie auseinandersetzen, um daraus zu lernen. Daher haben wir viele junge Botschafterinnen und Botschafter, die sich in die Gedenkveranstaltungen einbringen und so sehr anerkennenswerte und vorbildliche Erinnerungsarbeit leisten.

Die Erinnerung an die sinnlosen Verbrechen der Nationalsozialisten ist unser Zeichen des Respekts gegenüber den Ermordeten und ihren Hinterbliebenen. Sie darf nicht verblassen.

Für uns sind solche Anlässe nicht nur Tage des Gedenkens, sondern immer auch des Nachdenkens. Des Nachdenkens darüber, wie es zur Machtergreifung der Nationalsozialisten mit all ihren schrecklichen Folgen kommen konnte. Und es gilt weiterzudenken, wie wir verhindern können, dass sich das wiederholt. Leider erleben wir derzeit auch in Deutschland, was für weite Teile Europas gilt: Die Mitte der Gesellschaft bewegt sich immer weiter nach rechts, und insgesamt scheint die Hemmschwelle zur Gewalt zu sinken. Rechtsextreme und rechtspopulistische Parteien haben europaweit erheblichen Zulauf – sie werden »salonfähig« und nutzen ihre Einflussmöglichkeiten. Wir werden in vielen Bereichen unseres Alltags damit konfrontiert. Rassismus und Diskriminierung sind in Deutschland kein Relikt der Vergangenheit, sondern traurige aktuelle Realität.

So gibt es auch in unserer liebsten Freizeitbeschäftigung, im Sport, Diskriminierungen und Attacken auf Menschen, nur weil sie anderer Herkunft sind, anders glauben, aussehen oder leben. Das zeigt, wie dringlich es mehr denn je ist, etwas gegen Antisemitismus, gegen Fremdenfeindlichkeit und gegen Intoleranz zu tun. Gemeinschaftlich dürfen wir nicht nachlassen, uns für eine vielfältige, tolerante und demokratische Gesellschaft einzusetzen.

Nirgends dürfen wir den geistigen Brandstiftern das Feld überlassen. Das erfordert den Mut und das Verantwortungsbewusstsein von uns allen. Daher ist es von enormer Bedeutung, Gedenktage wie diesen zu begehen. Lassen Sie uns gemeinsam hoffnungsvoll in die Zukunft schauen – ohne dabei die Vergangenheit aus dem Blick zu verlieren.

MOSHE ZIMMERMANN

»Das judenfreie Europa mit einem judenfreien Sport – Fußball und ‚Endlösung'«

Der Professor der Hebräischen Universität Jerusalem über die systematische Ausgrenzung deutsch-jüdischer Fußballer im Nationalsozialismus.

Zehn Jahre lang war Otto Nerz Reichstrainer der deutschen Nationalmannschaft. Als er im Jahr 1926 zum Trainer ernannt wurde, hieß der Reichskanzler noch Wilhelm Marx (Zentrum). Als Nerz zehn Jahre später von seinem Amt als Nationaltrainer entlassen wurde, war bereits seit nahezu vier Jahren Adolf Hitler Reichskanzler. 1926 war Nerz noch SPD-Mitglied, 1937 bereits SA-Mann und überdies NSDAP-Parteigenosse. Er wurde Professor an der Reichsakademie für Leibesübungen und in dieser Funktion veröffentlichte er im Jahr 1943 drei Zeitungsartikel in der Tageszeitung »12 Uhr Blatt«: »Die Juden im englischen Sportbetrieb«, »Der Jude Weiß vermittelt Fußballspiele« und »Europas Sport wird frei vom Judentum«.

Der letzte Beitrag erschien am 4. Juni 1943, etwa einen Monat nach dem Erscheinen des Artikels »Der Krieg und die Juden« von Joseph Goebbels, in dem dieser über die »Befreiung« Deutschlands von den Juden prahlte und zur Befreiung Europas und der Welt von den Juden aufrief. Einen Tag nach Erscheinen des Artikels von Otto Nerz hielt Goebbels im Berliner Sportpalast eine Rede unter dem Titel «Überwundene Winterkrise«, in der der Propaganda-Minister zum wiederholten Mal unverblümt von der Notwendigkeit der Ausrottung der Juden in aller Welt sprach. Um die Sprache des Fußballs zu benutzen: Der Zeitungsartikel von Otto Nerz bereitete Goebbels in der damaligen Öffentlichkeit eine Steilvorlage.

Beim heutigen Lesen der drei Artikel von Otto Nerz tauchen zwei Fragen auf. Erstens: Wie relevant war der Antisemitismus für den deutschen bzw. europäischen Fußball (oder umgekehrt). Dazu gehört auch eine Nebenfrage: Wie präsent waren Juden überhaupt im Fußballgeschehen, dass man sich in solcher Form über einen judenfreien Fußball freuen konnte? Und zweitens: Wie kann der Fußball, der ja »nur« ein Spiel ist, in Zusammenhang mit der extremsten Form der Exklusion, mit dem Holocaust, in Verbindung gebracht werden?

Werfen wir zuerst einen Blick auf den Text des dritten Artikels des Nationaltrainers a.D. Unter der Überschrift »Die deutsche Fußballführung war judenfrei« berichtet Nerz zunächst nicht über die NS-Zeit, sondern über einen Vorfall aus dem ersten Jahr seiner Amtszeit als Reichstrainer, lange vor dem Amtsantritt Hitlers als Reichskanzler: Die Kandidatur eines Juden zum DFB-Geschäftsführer wurde damals zu Fall gebracht, weil – so Nerz – bereits in der Weimarer Zeit in der DFB-Führung »kein judenfreundlicher Wind wehte«. Sprich: Juden waren im deutschen Fußball präsent, ihre Rolle wurde von Nerz offen thematisiert, aber antisemitisch ausgedeutet.

Der Text verrät auch, worum es dabei für Nerz und andere Antisemiten im Fußball-Geschäft ging: »Besonders in der Berufsspielerfrage machten die Juden und ihre Hörigen der obersten Führung des Leben [sic!] dauernd sehr schwer. In der Krise vor 1933 war die Gefahr der Verjudung auch im Fußball sehr groß.« Es ging also um die sogenannte Amateurfrage, bei der die Gegner des Profifußballs in Deutschland »den Juden«, den ewigen Sündenbock, als Verursacher dieser »Korrumpierung« abstempelten, um das Thema Professionalisierung an sich zu diskreditieren. Bis 1933, erklärte Nerz, führten die Juden einen Angriff auf die

»Substanz des deutschen Sports«, der »kurz vor dem Ziel vom Führer abgefangen« wurde. Hätte Nerz genauer und vorurteilfrei hingeschaut, hätte er sehen können, dass zu diesem Thema nicht alle Juden einer Meinung waren. So plädierte zum Beispiel im Mai 1930 ein bekannter deutscher Zionist in der jüdischen Sport-Zeitung *Der Makkabi* für den »radikalen Amateurismus«.

Unter der Herrschaft der Nationalsozialisten fiel dann tatsächlich die Entscheidung gegen den Professionalismus im Fußball. Zuerst war dies im »Altreich« der Fall und dann, nach dem Anschluss 1938, auch in der »Ostmark«, wo das Rad des Profifußballs sogar wieder zurückgedreht wurde. Profifußball war nach Vorstellung der Nationalsozialisten »jüdisch« und damit im »rassenreinen« deutschen Fußball undenkbar. Die Ironie der Geschichte: Wollte man (wie im korrupten System des Amateurismus üblich) den Fußballspieler auf Umwegen doch materiell kompensieren, galt ein arisiertes Geschäft – also von Juden erpresster und geraubter Besitz – als probater Lohnersatz, wie es im bekannten Fall des Schalker Starspielers Fritz Szepan dokumentiert ist.

Als waschechter Antisemit erlaubte sich der ehemalige Nationaltrainer die Feststellung, »dass der jüdische Beitrag zum Sport nur Zersetzung und

Störung des Aufbaues war«. Gerade im Fußball greift dieser Vorwurf vollkommen daneben: Erstens waren Juden für die Einführung des Fußballsports in Deutschland von zentraler Bedeutung. Zweitens schied bei den Olympischen Spielen 1936 die von Nerz trainierte »judenfreie« Nationalmannschaft bereits zu Beginn des Turniers aus, ebenso während der folgenden Weltmeisterschaft im Jahr 1938. Sieben Jahre später hatte Nerz die Olympia-Niederlage seiner Mannschaft offensichtlich aus seinem Gedächtnis verdrängt, die ihm damals seinen Posten kostete: Ausgerechnet beim einzigen Länderspiel, dem Adolf Hitler als Zuschauer beiwohnte, verlor die deutsche Mannschaft gegen Norwegen. Auch die Erinnerung daran, dass vor dem Ersten Weltkrieg Juden wie Julius Hirsch und Gottfried Fuchs gefeierte Fußballstars und deutsche Nationalspieler wurden oder dass in Österreich der jüdische, wohlgemerkt professionelle, Verein Hakoah Wien im Jahr 1925 sogar Fußballmeister wurde, hatte Nerz aus seiner Erinnerung gelöscht. Bei Antisemiten spielen bekanntlich Vorurteile eine viel wichtigere Rolle als Fakten. Die zahlreichen erfolgreichen jüdischen Athleten, die den deutschen Sport nach dem Ersten Weltkrieg bis in die NS-Zeit nicht nur im Fußball, sondern unter anderem auch im Tennis, in der Leichtathletik oder im Boxen entscheidend mitprägten, wurden von Nerz und seinen Lesern wie selbstverständlich ignoriert. Mehr noch: Jüdische Sportler wurden im Dritten Reich gezielt aus der kollektiven Erinnerung ausgemerzt. So wurden jüdische Vereine und Athleten in der NS-Zeit nachträglich aus den Rekordlisten und Tabellen der Vergangenheit ausradiert. Ebenso wurde vielfach mit den Namen der gefallenen jüdischen Vereinsmitglieder auf den Soldaten-Denkmälern des Ersten Weltkrieges verfahren. »Damnatio memoriae« nannten die Römer dieses Verfahren. Es wurde im gesamten deutschen Kultur- und Wissenschaftsbereich praktiziert und eben auch im Sport.

Im Artikel von Otto Nerz kommt ein zusätzlicher Aspekt des Antisemitismus zum Vorschein – die Verwechselung zwischen Ursache und Folge. In seinem Artikel warf Nerz den Juden vor, den Internationalismus im Sport besonders betont zu haben, andererseits aber »für seine politische Zwecke einen jüdischen Weltverband« gegründet zu haben: »So betonte der Jude für sich das Nationalitätsprinzip, während sie (sic!) bei den Wirtvölkern die nationale Idee in Misskredit zu bringen versuchen.« Der jüdische Weltverband, von dem der Textschreiber berichtet (es ist anzunehmen, dass Nerz die Artikel nicht ohne Hilfe schrieb), heißt Makkabi. Makkabi ist nicht der jüdische Weltverband, sondern ein jüdischer, zionistischer, internationaler Verband, der 1921 eben als Reaktion auf die Ausgrenzung und den Antisemitismus im Sport entstand, ohne jedoch dabei die Zugehörigkeit seiner Mitglieder zum »Gastvolk« aufgeben zu wollen.

Juden, die zum Zionismus tendierten, weil die Exklusionsversuche durch ihre Umgebung sie dazu veranlassten, eigene Vereine zu gründen, gingen zu Makkabi oder zu anderen jüdischen Klubs wie Hakoah oder Bar-Kochba. Die Geschichte dieser Vereine beginnt bereits eine Generation vor der Machtübernahme durch die Nazis, denn den modernen Antisemitismus gab es bereits seit dem späten 19. Jahrhundert. Doch die überwiegende Mehrheit der sporttreibenden Juden waren zu diesem Zeitpunkt weiterhin Mitglieder der allgemeinen, paritätischen Vereine. Sie waren in ihren eigenen Augen nichts als gewöhnliche Deutsche. Als aber die Nazis an die Macht kamen und die Juden mit Hilfe des Arierparagraphen zuerst als Funktionäre und dann als Sportler aus den paritätischen Vereinen ausschlossen, liefen die jüdischen Massen zu den »eigenen« jüdischen Verbänden über: zum zionistischen Makkabi oder zum Sportbund Schild, dem Verband der assimilierten deutschen

Juden. Dieser Verband setzte sich auch während der NS-Zeit trotz aller Repressionen weiterhin für ein Verbleiben der Juden in Deutschland und ihre weitgehende Assimilation in die Mehrheitsgesellschaft ein.

Dagegen war es die zynische Absicht des Regimes, die Juden auf diese Weise im Sport wie im gesamten sonstigen Kulturleben zu ghettoisieren: Es war der Antisemitismus, also die Exklusion, die den abgesonderten Sport der jüdischen Verbände zur Blüte verhalf, nicht umgekehrt. Die Gründung der einen oder anderen jüdischen Sportorganisation war der eigentliche Anlass zur Reaktion der Nichtjuden. Nerz´ Taktik war für die NS-Denkweise typisch: Die Schuld liegt bei den Juden, sie tragen auch selbst die Schuld an ihrer Diskriminierung, Isolierung, Verfolgung und schließlich – Ermordung. Die Auflösung der jüdischen Sportvereine nach dem Novemberpogrom 1938 war der nächste Meilenstein auf dem Weg von der Exklusion der jüdischen Sportler über ihre Ghettoisierung bis in die Vernichtung.

Ein weiterer typischer Aspekt des Antisemitismus, der auch beim Thema Sport, hier im Zeitungsartikel von Otto Nerz, zum Vorschein kam, war der Angriff auf das Medienumfeld, in dem angeblich Juden die Drähte zogen. Nerz beschwerte sich über den steigenden Einfluss der Juden auf die Inseratenteile der

Vereinszeitungen, und darüber hinaus über die Rolle der Juden in den Sportberichten der Tagespresse: »Die Verjudung der Presse […] machte natürlich vor der Sportredaktion nicht halt […] Nur Sensation war der Inhalt des Sportteils. Der Journalist hatte ja keine Verantwortung gegenüber dem Volke, nur gegenüber seinem Verlagseigentümer […] wieder der Jude.« Damit meinte er sehr wahrscheinlich Figuren wie den Kicker-Gründer und -Herausgeber Walther Bensemann oder den leitenden Sportredakteur der Vossischen Zeitung, Willy Meisl.

Solche antisemitischen Vorwürfe und Denkweisen schufen die direkte und offene Verbindung zur »Endlösung«: So gab Nerz im Jahr 1943 offen zu, dass die Juden in Deutschland bereits »ausgeschaltet« seien. Was hingegen noch anzustreben sei, machte Nerz wie folgt deutlich: »Am Ende steht das judenfreie Europa mit einem judenfreien Sport.« Nerz befand sich hier nicht am Vorabend des Krieges, als Hitlers »Prophezeiung« noch Zukunftsmusik war, sondern im Juni 1943, kurz nachdem Goebbels seinem Führer stolz mitgeteilt hatte, dass Berlin tatsächlich »judenfrei« geworden sei.

Auch jenseits des europäischen Horizonts waren die Juden nicht sicher, wenn es nach der Logik eines anderen deutschen Sportfunktionärs ginge. Carl Diem, der Chef-Organisator der Olympischen Spiele von 1936, unternahm ein Jahr später eine Orientreise und hielt seine Eindrücke in einem Artikel fest. Beim Lesen des Artikels wurde mir klar, dass nach Diems Vision ich, Sohn deutscher Juden, die Deutschland verlassen hatten und nach Palästina flüchteten, niemals zum Fußballspielen in Israel gekommen wäre: »Transjordanien ist [...] vor allem Kern der arabischen Freiheitsbewegung, und von da aus wird einmal der Vorstoß kommen, um Palästina den Arabern und sonst niemand zu sichern.« Sonst niemand! Als er den Artikel im Jahr 1942 in seinem Sammelband veröffentlichte, stand Rommel vor den Toren Palästinas. Die Umsetzung der Vernichtungsvision für die Juden in Palästina stand zu diesem Zeitpunkt unmittelbar bevor.

In den letzten Jahren erschienen immer mehr Bücher, die sich mit der Geschichte der Fußballklubs im Nationalsozialismus, darunter auch mit der Verfolgung der Juden in dieser Zeit, befassen. Egal, ob es sich dabei um den FC St. Pauli, den 1. FC Kaiserslautern, Eintracht Frankfurt oder den Hamburger SV handelt: Bis 1936 waren alle Klubs »judenfrei«. Lediglich bei der Entschlossenheit und Eile, dies umzusetzen, gab es Unterschiede. Kein Wunder, dass in der Stadt des Gauleiters und Stürmer-Herausgebers Julius Streicher die Entscheidung bereits im April 1933 fiel, während der HSV z. B. noch im Jahr 1935 eine Ehrennadel an jüdische Mitglieder verlieh und die Frankfurter Eintracht ihr jüdisches Mitglied Julius Lehmann sogar noch bis 1937 weiterspielen ließ. Drei Jahre später war der Arierparagraph auch in den Satzungen der Eintracht zu finden. Der Prozess der Ausgrenzung der Juden aus dem deutschen Fußball ist eine Demonstration des für das »Dritte Reich« typischen Mechanismus der Kumulativen Radikalisierung, oder mindestens der Kumulativen Indifferenz den Juden gegenüber.

Schwieriger war es, auch die Ränge »judenfrei« zu machen. Hierzu schreibt Peter Gay, früher Fröhlich (Jahrgang 1923), der 1939 fliehen konnte und später in den USA zu den wichtigsten Historikern zählte: »Von 1933 an war ich [Hertha BSC Berlin] Fan, weil der Sport mir als Schutzschirm diente, der die bedrückende Welt Nazideutschlands von mir fernhielt. […] ‚Ha! Ho! He! Hertha BSC!'. Dafür konnte man beinahe leben.« Dabei machte sich der junge Peter keine Illusionen: »Da stand ich, von Amts wegen der Abschaum der Menschheit, eingekeilt zwischen Berlinern, mit denen ich wenig, wenn überhaupt irgend etwas gemein hatte und die mich, hätten sie gewusst, wer ich war, womöglich misshandelt hätten. Für mich aber war die Spielanalyse wichtiger als private Ängste.«

Nach den Olympischen Spielen 1936, als man keine Rücksicht mehr auf die Reaktion im Ausland nehmen musste, fielen die letzten Schranken vor der totalen »Befreiung« des Sports von den Juden. Als der Krieg begann, konnte man diese Front erweitern und nun die »Befreiung« des gesamten europäischen Sportraums von der Präsenz der Juden anstreben. Nerz fand hierzu selbstverständlich die passende Rechtfertigung: »Der jetzige, von Juden entfachte Weltkrieg hat die verräterische Rolle des Juden auch auf dem Gebiet des Sports offenkundig gemacht.« Nerz schob damit, wie Hitler und Goebbels mehrmals zuvor, den Juden die Schuld am Weltkrieg in die Schuhe, ohne diese Schuldzuweisung irgendwie zu konkretisieren.

Was tatsächlich seit 1939 geschah, war genau umgekehrt: Das »Dritte Reich« verfolgte auch die jüdischen Sportler in ganz Europa. Sofern ihnen nicht noch rechtzeitig die Auswanderung oder Flucht gelang, führte diese Verfolgung bis zu ihrer Ermordung in den Orten der Vernichtung. Die Geschichte des

Fußballspielers Julius Hirsch ist in den letzten zwei Jahrzenten wiederentdeckt geworden: Er war Spieler beim Karlsruher FV, deutscher Nationalspieler in der späten Kaiserzeit, nach 1933 Spieler und Trainer beim Jüdischen Turnklub Karlsruhe. Anfang März 1943, also genau drei Monate vor Erscheinen des Artikels von Otto Nerz über den »judenfreien« deutschen Sport, wurde Hirsch nach Auschwitz deportiert und dort ermordet. Es gab aber auch viele weitere deutsch-jüdische Fußballspieler, die in den Tod deportiert wurden. Zu ihnen gehörte der Jugendspieler von Schalke 04, Ernst Alexander, der im August 1942 in Auschwitz ermordet wurde. Auch Tennis Borussia Berlin-Spieler Fritz Leiserowitsch, Bruder des nach Israel ausgewanderten Sim Leiserowitsch, wurde ebenso 1943 in Auschwitz ermordet wie der vorherige Mannschaftsarzt von Hertha BSC, Dr. Hermann Horwitz. Das Mitglied der Stuttgarter Kickers, Julius Baumann, kam im Oktober 1942 im KZ Mauthausen ums Leben. Bei diesen Namen handelt sich nur um eine kleine Auswahl aus der langen Liste, die Lorenz Peiffer und Henry Wahlig für ihre Publikation *Verlorene Helden* zusammengetragen haben. Als Nerz seinen Artikel veröffentlichte, war der deutsche Fußball von diesen Menschen in der Tat bereits »befreit«.

Auch jüdische Fußballer aus anderen Ländern wurden zu Opfern der »Endlösung«: Die polnischen Nationalspieler Leo Sperling und Sigmund Steuermann fielen Massenerschießungen im Osten zum Opfer, der ungarische Nationalspieler Joseph Braun starb in einem Arbeitslager. Von den zahllosen Nicht-Fußballern unter den ermordeten Sportlern möchte ich an dieser Stelle lediglich die Leichtathletin und mehrfache deutsche Meisterin und Weltrekordlerin Lilly Henoch erwähnen, die im September 1942 nach Riga deportiert und dort ermordet wurde.

An dieser Stelle ist schließlich auch noch eine andere Verbindung zwischen Fußballern und Shoah zu erwähnen. Es geht um das Idol des Hamburger SV in den 1920er Jahren »Tull« Harder. Er wurde im »Dritten Reich« nicht nur NS-Parteigenosse und SS-Mann, sondern auch Kommandant des KZ Ahlem bei Hannover. Er überlebte den Krieg und wurde zwar zunächst wegen Verbrechen gegen die Menschlichkeitheit von den Alliierten verurteilt, dann aber frühzeitig wieder auf freien Fuß gesetzt.

Es ist anzunehmen, dass Otto Nerz zum Zeitpunkt des Schreibens seines Artikels nicht wusste, dass nur wenige Wochen zuvor eine jüdische Fußballliga auf dem Territorium des Großdeutschen Reichs ins

Leben gerufen worden war: Die Fußballliga des Ghettos, besser: Konzentrationslagers Theresienstadt. Bis August 1944 wurden dort Meisterschaftsspiele ausgetragen. Es war eine absurde Situation: Ein Überlebender erklärte die Bedeutung des Spiels für die Häftlinge: »Vor allem war es ein Augenblick der Menschlichkeit, weil wir ansonsten nichts als Nummern waren. [...] Es war [...] einfach eine Droge, mit der man ins Leben zurückkehrte.« Aus der Sicht der Nazis war der Sinn dieser Spiele einfach zu erklären: »Spielt und macht, was ihr wollt, Hauptsache Ruhe«, schrieb ein anderer Überlebender darüber. Es war die Ruhe vor der Deportation nach Auschwitz. Dank eines Propagandafilmes der Gestapo, den man später »Der Führer schenkt den Juden eine Stadt« nannte, wissen wir, wie diese Spiele aussahen. Wir wissen auch, dass die Fußballer, ebenso die Zuschauer, die im Film zu sehen waren, kurz nach Ende der Dreharbeiten Opfer der Gaskammer in Auschwitz wurden.

    Dass es gelegentlich selbst in Auschwitz Fußball zu sehen gab, wissen wir ebenso. Der nicht-jüdische Häftling Tadeusz Borowski berichtete in der Erzählung »Bitte, die Herrschaften zum Gas« von einem Fußballspiel der Häftlinge unweit der Rampe in Birkenau. Er war der Torwart. Der Ball flog am Tor vorbei. Ecke.

Er warf einen Blick nach hinten und sah die Juden, die aus dem soeben angekommenen Zug herausgezerrt wurden. Es wurde weitergespielt, und wieder gab es einen Eckball. Er schaute nach hinten und sah die leere Rampe: »Ich kam mit dem Ball zurück und kickte ihn in eine Ecke [...] Zwischen dem ersten und zweiten Eckball wurden hinter meinem Rücken dreitausend Menschen vergast.« Das Fußballspiel als morbides Instrument der Zeitmessung.

Diesen Beitrag über die absurde Beziehung zwischen Fußball, Antisemitismus und Shoah möchte ich mit der folgenden Bemerkung abschließen:

Im Jahr 1954 erschien das Buch »Die Geschichte des deutschen Fußballsports«. Es wurde von Carl Koppehel bearbeitet, der während und nach der NS-Zeit ein Schiedsrichter und dazu ein wichtiger Fußballfunktionär war. Es war derselbe Koppehel, der im Jahr 1932 zusammen mit Reichstrainer Otto Nerz das erfolgreiche Buch »Kampf um den Ball« herausgegeben hatte. Koppehel vergaß auch in seinem Nachkriegsbuch seinen ehemaligen Co-Autor nicht: Über Otto Nerz erschien eine achtzeilige Box mit der Überschrift »gest. Februar 1940 im Konzentrationslager«. Koppehel musste die eigentliche Wahrheit zu diesem Zeitpunkt bekannt sein: Nerz starb zwar tatsächlich im KZ Sachsenhausen, aber erst im April 1949, nach vier

Jahren Haft im von der Roten Armee für ehemalige Nationalsozialisten umfunktionierten KZ.

Das Thema bleibt hoch aktuell: Die Taktik des Täter-Opfer-Spießumdrehens haben wir jüngst wieder am Rande des Fußballfelds erfahren, mit der Reaktion aus den Reihen der AfD auf Vorschläge, ihre Mitglieder in Fußballklubs nicht länger zu tolerieren. Möglicherweise kann man aus der Geschichte des Ausschlusses der Juden aus dem deutschen und europäischen Fußball während der NS-Herrschaft auch die falschen Schlüsse ziehen. Davor soll an dieser Stelle ausdrücklich gewarnt werden.

Prof. Dr. Lorenz Peiffer (links), Dr. Henry Wahlig

Nachwort

HENRY WAHLIG / LORENZ PEIFFER

Warum das historische Erinnern so wichtig ist

Die Historiker (u. a. Leibnitz Universität Hannover) über das kollektive deutsche Fußballgedächtnis als Orientierung für gegenwärtiges und zukünftiges gesellschaftliches Handeln.

Nach zwei Weltkriegen, die maßgeblich von Deutschland aus verursacht und verschuldet worden sind, sowie zwei Diktaturen, die mit Diskriminierung, Verfolgung und millionenfachem Mord verbunden sind, hat die Erinnerungskultur in Deutschland heute einen hohen Stellenwert. Sie ist ein wesentlicher Bestandteil der deutschen Gesellschafts- und Kulturpolitik.

In seiner Rede »Zum 40. Jahrestag der Beendigung des Krieges in Europa und der nationalsozialistischen Gewaltherrschaft« forderte der damalige Bundespräsident Richard von Weizsäcker das deutsche Volk zu einer aktiven Auseinandersetzung mit der jüngsten deutschen Geschichte auf: »Wer aber vor der Vergangenheit die Augen verschließt, wird blind für die Gegenwart!«

Können wir jedoch wirklich aus der Geschichte lernen? Diese so häufig und immer wieder gestellte Frage wird in Fachkreisen nach wie vor kontrovers diskutiert. Geschichte wiederholt sich nicht und geschichtliche Kenntnisse bieten auch keine Lösungen für aktuelle Herausforderungen. Sie lassen sich nicht eins zu eins übertragen. Aber, und darüber sind sich Geschichtsdidaktiker einig, historische Kenntnisse können Orientierungen geben für gegenwärtiges und zukünftiges Handeln. Sie können Einsichten vermitteln, indem sie Ursachen und Entstehungsbedingungen für gegenwärtige Entwicklungen und Erscheinungen aufzeigen.

Im Mittelpunkt der deutschen Erinnerungskultur steht die Zeit des Nationalsozialismus. Eine Zeit, die durch die Diskriminierung, Verfolgung und Ermordung von Menschen geprägt war, die nach der Definition der NS-Machthaber nicht der sogenannten »nationalsozialistischen Volksgemeinschaft« angehören durften: Dies waren vor allem Juden, Sinti, Roma, Homosexuelle, Behinderte und politisch Andersdenkende.

Wie notwendig und sinnhaft es ist, sich gerade mit diesem Abschnitt der deutschen Geschichte intensiv auseinanderzusetzen, hat auch der damalige

Bundespräsident Roman Herzog anlässlich des Holocaust-Gedenktages im Jahr 1999 deutlich herausgestellt: »Ohne gründliches Wissen um seine Geschichte kann auf Dauer kein Volk bestehen. [...] Wenn ein Volk aber versucht, in und mit seiner Geschichte zu leben, dann ist es gut beraten, in und mit seiner Geschichte zu leben und nicht nur mit ihren guten und erfreulichen Teilen. [...] Für mich ist jeder Versuch, die Verbrechen des Nationalsozialismus aus der geschichtlichen Erinnerung auszublenden, letztlich nur eine besondere Form intellektueller Feigheit.«

Der deutsche Sport und damit auch die deutschen Fußballvereine mit dem Deutschen Fußball-Bund gehören zu den gesellschaftlichen Gruppen in Deutschland, die sich über ihre Rolle in der Zeit des Nationalsozialismus besonders lange ausgeschwiegen haben. Noch 1975 hielt der große deutsche Rhetorikprofessor Walter Jens anlässlich des 75-jährigen DFB-Jubiläums der Festversammlung entgegen: »Das ist ja ein Aberwitz! Die Machtergreifung der Nationalsozialisten sei für den Fußballsport eher Befreiung als Fessel gewesen? Das, meine Damen und Herren, nenne ich fürwahr eine makabre Art der Selbstdarstellung. Gab's denn keine Fußballspieler, die Bar-Kochba-Mitglieder und Arbeitersportler, die damals aus politischen oder rassistischen Gründen verfolgt worden sind? (Es gab sie. Ihre Zahl ist beträchtlich.) Dies ist die Stunde, wo das ‚Nicht gedacht soll ihrer werden' aufgehoben werden muss.«

Walter Jens hatte die versammelten Fußballfunktionäre und Festgäste mit Zitaten aus der verbandseigenen »Geschichte des deutschen Fußballsports« konfrontiert, die 1954 vom »Chefhistoriker« des DFB, Carl Koppehel verfasst worden war und zwanzig Jahre später immer noch als »Bibel« der DFB-Geschichte galt. Koppehel hatte in seinem Buch die Verschmelzung des DFB mit dem nationalsozialistischen Sportsystem auch noch rückblickend geradezu euphorisch dargestellt: »Die Männer, die bisher die Leiter des DFB und seiner Verbände waren, fanden auch nach dem politischen Umbruch seitens der, nunmehr zur Leitung des Sports berufenen Personen das Vertrauen, weiterhin die Geschicke des Fußballsports zu lenken. Viele Schranken und Hemmnisse für die Entwicklung des Fußballsports fielen, weil das jetzt herrschende politische System sie hinwegräumte.«

Es dauerte weitere 25 Jahre, bis der DFB die von Jens aufgezeigte »gesellschaftliche Funktion« tatsächlich ernst zu nehmen begann. Der Beitrag von Karl Adolf Scherer in der Festschrift zum 100-jährigen Jubiläum mit dem Titel »Die Geschichte erwartet das von uns« war ein erster – wenn auch letztlich noch gescheiterter – Versuch, die eigene Verbandsgeschichte kritisch in den Blick zu nehmen. Immerhin wurde das Thema Antisemitismus im Fußballsport erstmals auf zwei Seiten angesprochen und der jüdische Fußball-Nationalspieler Julius Hirsch namentlich als Opfer erwähnt.

Der historischen Aufarbeitung der Geschichte des Fußballsports im »Dritten Reich« nahmen sich derweil Journalisten und Historiker wie Ulrich Lindner und Gerhard Fischer (»Stürmen für Hitler«, 1999), Arthur Heinrich (»Der Deutsche Fußball-Bund. Eine politische Geschichte«, 2000) oder Werner Skrentny mit seinen Nachforschungen über Julius Hirsch an. Dies war ein erster Anfang, der das Interesse von Öffentlichkeit, Medien und Politik für das Thema weckte und den DFB ebenso wie die Vereine unter Zugzwang setzte. Im Vorfeld der Fußball-Weltmeisterschaft im eigenen Land reagierte die DFB-Führung schließlich auf den zunehmenden öffentlichen Druck und gab im Jahr 2001 eine unabhängige Studie in Auftrag. Vier Jahre später legte der Mainzer Historiker

Nils Havemann die Monographie »Fußball unterm Hakenkreuz. Der DFB zwischen Sport, Politik und Kommerz« vor, in der er u. a. auch auf die Rolle des DFB beim Ausschluss der jüdischen Mitglieder eingeht.

Auf der Grundlage und in Konsequenz der Erkenntnisse aus der Studie von Havemann vollzog der DFB nunmehr einen grundlegenden Wandel in seiner Erinnerungspolitik. Aus Verdrängung und Leugnung der eigenen Vergangenheit wurde in kurzer Zeit eine aktive und engagierte Erinnerungsarbeit. Im Jahr 2005 setzte der Verband mit der Stiftung des Julius-Hirsch-Preises einen wichtigen Meilenstein. Mit ihm erinnert er seitdem an die vielen tausend jüdischen Fußballer, Trainer und Funktionäre unter den Opfern der NS-Verfolgung, setzt ein »öffentliches Zeichen für die Unverletzbarkeit der Würde des Menschen« und fordert seine Mitglieder auf, »sich gegen Diskriminierung und Ausgrenzung von Menschen auf dem Fußballplatz, im Stadion und in der Gesellschaft zu stellen«.

Gleichzeitig wurde diese Studie zur Initialzündung für eine intensive wissenschaftliche Diskussion, für weitere historische Tagungen, wissenschaftliche Projekte und Ausstellungen, und nicht zuletzt für Veränderungen in den historischen Rückschauen von Vereins- und Verbandsfestschriften. Während die NS-Zeit bis dahin häufig mit kurzen blumigen Formulierungen wie »dunkler Zeit« oder »Instrumentalisierung des Sports durch die Nazis« abgetan wurde, setzte nun auch auf Ebene der Vereine ein nachhaltiger Trend zur kritischen Geschichtsforschung ein. Borussia Dortmund legte 2002 mit dem Buch »Der BVB in der NS-Zeit« von Gerd Kolbe als erster Lizenzverein eine Aufarbeitung seiner Geschichte im Nationalsozialismus vor. Bis 2007 folgten weitere Studien über den FC Schalke 04, den 1. FC Kaiserslautern, Eintracht Frankfurt und den Hamburger SV. In den vergangenen Jahren haben sich auch u. a. der FC Bayern München, der TSV 1860, der FC St. Pauli, Hertha BSC Berlin und zuletzt sogar Alemannia Aachen intensiv mit ihrer NS-Vergangenheit auseinandergesetzt und entsprechende Studien in Auftrag gegeben bzw. unterstützt und publiziert.

Während in anderen Institutionen und Gesellschaftsbereichen der Bundesrepublik die Kinder der Täter, Mitläufer und Opfer bereits in den 1960er und 1970er Jahren damit begannen, Fragen nach der historischen Wahrheit, der Verantwortlichkeit und den daraus zu ziehenden Konsequenzen zu stellen, blieb der Fußball zunächst ein erinnerungspolitischer Spätzünder. Mit Beginn des neuen Jahrtausends setzte jedoch auch im organisierten Fußball als einer der mitgliederstärksten Massenbewegungen des Landes ein intensiver Prozess der Bewusstseinsbildung, Aufarbeitung und Erinnerung ein.

Überall in Deutschland begaben sich nun Fußballfans auf die Suche nach »ihren« vergessenen jüdischen Fußballhelden. In den meisten Fällen waren es dabei »einfache« Anhänger oder Fangruppen an der Basis der Klubs, die diese Aufarbeitung in Gang setzten und bei ihren Vereinen auf offene Ohren stießen. Welche Kräfte solche Recherchen bei Fangruppierungen auslösten und welche neuen Initiativen sie hervorriefen, ist beispielhaft an den großen Inszenierungen der »Münchener Schickeria« für »ihren« ehemaligen jüdischen Präsidenten Kurt Landauer und der Nürnberger Fans für »ihren« ehemaligen Trainer Jenö Konrad zu erkennen.

Auch in vielen anderen Vereinen sind solche zivilgesellschaftlichen Initiativen »von unten« erkennbar: So setzte der Hamburger SV nach einem Beschluss seiner Mitgliederversammlung den Ausschluss seiner jüdischen Mitglieder offiziell zurück. Der Initiative des Mainzer Fanklubs »Supporters Mainz« ist es zu verdanken, dass die Straße zum neuen Stadion des Bundesligisten nach Eugen Salomon benannt wurde, dem ehemaligen jüdischen Vorsitzenden des Vereins, dessen Leben im KZ Auschwitz-Birkenau ausgelöscht wurde.

Dass heute, ein gutes Jahrzehnt nach dem durch die ersten historischen Veröffentlichungen angeregten Impuls, nicht nur Fanprojekte und -klubs, sondern auch Delegationen von Vereins- und Nationalmannschaften regelmäßig KZ-Gedenkstätten besuchen, ist ein wichtiges Zeichen einer breitflächigen und sehr lebendigen Erinnerungskultur im deutschen und zunehmend auch im europäischen Fußball. So besuchte eine Abordnung um Trainer Alex Ferguson im Sommer 2009 die KZ-Gedenkstätte Dachau. Vor und während der EURO 2012 gedachten die Nationalteams von Italien, Deutschland, England und der Niederlande den Opfern des Nationalsozialismus in der Gedenkstätte Auschwitz-Birkenau. Schon 2008 initiierte der Deutsche Fußball-Bund ein im Spitzensport beachtlich nachhaltiges Projekt und schickt Jahr für Jahr seine U18-Nachwuchs-Nationalspieler zu einem Turnier mit historisch-kulturellem Begleitprogramm nach Israel. Dort gehören auch Treffen mit Zeitzeugen der Shoa und ein Besuch der Gedenkstätte in Yad Vashem zum Programm der jungen Fußballer. Seit 2005 begehen

Fans und Vereine in Deutschland den »Erinnerungstag im deutschen Fußball«, jedes Jahr rund um den Internationalen Holocaust-Gedenktag am 27. Januar.

In lebendigem Austausch mit Fachhistorikern, Journalisten, Vereinen, Fans und Institutionen der Erinnerungskultur hat sich im Fußball heute eine enorme Vielfalt an lokalen und überregionalen Initiativen entwickelt, die alle allgemeinen Formen und Methoden der Erinnerungskultur auf den spezifischen Fußballkontext übertragen: Historische Recherchen und Gedenkstättenfahrten, Museumsbesuche und Zeitzeugengespräche, Gedenk- und Stolpersteine, Ausstellungen und Buchpublikationen bis hin zu künstlerischen Auseinandersetzungen.

Mit diesen Aktionen tragen alle Ebenen des Fußballs, vom Verband bis zum Vereinsmitglied und Fan, nicht nur wesentlich dazu bei, die aus dem kollektiven deutschen Fußballgedächtnis gelöschten jüdischen Fußballer wieder in Erinnerung zu rufen und sie – zumindest ein Stück wieder – in die deutsche Fußballgeschichte zurückzuschreiben. Sie haben auch erkannt, dass das Gedenken und das klare Bekenntnis des »Nie Wieder!« zu einem Menschheitsverbrechen wie dem Holocaust auf deutschem und europäischen Boden gleichzeitig ein wichtiges Zeichen ist, gegen die vermehrt wahrnehmbaren Versuche rechtsradikaler Gruppen, Anhänger für ihre Ideologien in den Kurven und den Vereinen zu rekrutieren. Und sie setzen nicht zuletzt ein über die Stadiontore hinaus in die gesamte Gesellschaft wirkendes Zeichen dafür, dass nirgendwo wieder rechtsextreme und menschenverachtende Ideologien Fuß fassen dürfen.

Ganz im Sinne der von Herzog und von Weizsäcker geforderten aktiven Auseinandersetzung mit der jüngsten deutschen Vergangenheit ist die Aufarbeitung der eigenen Geschichte die Voraussetzung für den nächsten Schritt, aus den Erkenntnissen der Forschung Folgerungen für aktuelles und zukünftiges Handeln abzuleiten. Aufklärende und präventive Maßnahmen und Aktivitäten gegen den immer noch vorhandenen Rassismus, gegen Antisemitismus und Sexismus, gegen Homophobie und Antiziganismus in unseren Stadien sind notwendige und begrüßenswerte Initiativen der Fußballfamilie im Ganzen. Sie ist auf diesem wichtigen gesellschafts- und kulturpolitischen Spielfeld innerhalb von nur einem Jahrzehnt von einem Nachzügler zu einem Vorreiter und Vorbild geworden.

Impressum

Gedenken an den Holocaust – Fußball und Erinnerung erscheint als Nummer 2 der Reihe *Kleine Fußball-Bibliothek* in der Edition Deutsches Fußballmuseum, begründet und herausgegeben von Manuel Neukirchner, Direktor des Deutschen Fußballmuseums.

© DFB-Stiftung Deutsches Fußballmuseum gGmbH
1. Auflage Dezember 2018

Alle Rechte vorbehalten, insbesondere das der Übersetzung, des öffentlichen Vortrags sowie der Übertragung durch Rundfunk und Fernsehen, auch einzelner Teile. Kein Teil des Werkes darf in irgendeiner Form (durch Fotografie, Mikrofilm oder anderen Verfahren) ohne schriftliche Genehmigung reproduziert oder unter Verwendung elektronischer Systeme verarbeitet, vervielfältigt oder verbreitet werden.

Der Band erscheint im Nachgang zur Gedenkveranstaltung der DFB-Stiftung Deutsches Fußballmuseum und der Gesellschaft für christlich-jüdische Zusammenarbeit Dortmund e. V. zum Internationalen Holocaust-Gedenktag am 28. Januar 2018 im Deutschen Fußballmuseum.

Editorial Design: Uwe W. Landskron,
K-werk Kommunikationsdesign, Dortmund

Verlag: Klartext Verlag, 45128 Essen

Fotos: Carsten Kobow, Dirk Hasse/NISH (S.82)

Druck und Bindung: Beltz Grafische Betriebe GmbH, Bad Langensalza

ISBN 978-3-8375-2093-4

Lesen Sie weiter in der Kleinen Fußball-Bibliothek:

Jochen Hieber/Manuel Neukirchner (Hrsg.)
Kleine Fußball-Bibliothek
Fundstücke aus dem Deutschen Fußballmuseum

Der Kulturteil der *Frankfurter Allgemeinen Zeitung* widmete elf Exponaten des Deutschen Fußballmuseums eine eigene Serie. Die in diesem Band noch einmal veröffentlichten Essays nähern sich dem Fußball aus unerwarteter Perspektive. Elf Objektgeschichten renommierter Autoren werden zum feuilletonistischen Lesevergnügen.
Mit Beiträgen von Jürgen Kaube, Günter Netzer, Hans Ulrich Gumbrecht u. a.

96 Seiten, gebunden, € 12,95
ISBN 978-396-111-4948

Erhältlich in allen Buchhandlungen, im Deutschen Fußballmuseum und unter
www.fussballmuseum.de/shop

Lesen Sie außerdem:

Manuel Neukirchner
Herbergers Welt der Bücher
Die unbekannten Seiten der Trainer-Legende

Die Trainer-Legende Sepp Herberger gilt als der große Stratege und Taktiker des deutschen Fußballs. Seine zeitlosen Lehrsätze sind zum geflügelten Wortschatz geworden. Herbergers gedankliches Universum hatte sein gedrucktes Pendant in den heimischen Bücherregalen. In seiner Bibliothek mit mehr als 1.500 Büchern fand er das Wissen, aus dem er sein Weltbild zusammensetzte und seine Fußballstrategien entwickelte. Das biografische Essay offenbart mit Originalzitaten des »Chefs«, teils unveröffentlichten Fotos und Nachzeichnungen der Zusammenhänge das letzte unentdeckte Refugium des Weltmeistertrainers von 1954.

»Manuel Neukirchner kommt der Verdienst zu, sich zum ersten Mal mit dem Bücherwurm in dem knarzigen Nationalhelden Sepp Herberger beschäftigt zu haben.«
Süddeutsche Zeitung

»Ein spannendes Unterfangen, die Welt eines Mannes der Tat anhand der Bücher darzustellen, die er las.«
Frankfurter Allgemeine Zeitung

»Neukirchners Buch ist ein wunderbares Geschenk zum 120. Geburtstag der deutschen Trainer-Legende Sepp Herberger.«
SWR

»Das Wunder von Bern war gar kein Wunder. Es war das Ergebnis einer jahrelangen Vorbereitung in der Bibliothek«
Die Welt

79 Seiten, gebunden, € 19,95
ISBN 978-3-7307-0340-3

Erhältlich in allen Buchhandlungen, im Deutschen Fußballmuseum und unter
www.fussballmuseum.de/shop